En lystfisker blev til

Niels P. Arildskov

EN LYSTFISKER BLEV TIL

En lystfiskers erindringer

Forside: Jeg fisker med flue efter havørred i Trend Å den 2. august 1985. Illustreret af forfatteren.

Forlag: BoD – Books on Demand, Hellerup, Danmark

Tryk: BoD – Books on Demand, Norderstedt, Tyskland

ISBN: 978-87-4305-418-4

Indhold

II

Forord

Hvorfor nu endnu en bog om lystfiskeri? Lad mig starte med den påstand at der findes to yderpunkter indenfor lystfiskerlitteratur. Det ene er den rent tekniske, f.eks. de mange bøger om fluemønstre og fluebinding. Det andet er næsten ren underholdning, f.eks. Svend Saabyes "Lystfiskerliv". For mit eget vedkommende læser jeg alle typer lystfiskerlitteratur, men når jeg rigtig skal hygge mig, foretrækker jeg at sætte mig godt til rette med en bog, der primært er underholdning. Når jeg tænker tilbage på mit hidtidige lystfiskerliv, står barndommens og den tidlige ungdoms oplevelser – også for mig – som noget ganske særligt. Til tider er det ligefrem *nødvendigt* at fortabe sig i fortiden, stunder hvor selv nostalgi ikke er, hvad det har været. Som barn kunne man frembringe en entusiasme svarende til juleaften over en fisk, der måske i dag ville være til ren irritation, eller en fisketur, som man nu ville finde en undskyldning for ikke at deltage i. Hertil kommer, at man i sin lange indlæringsproces har dummet sig og er kommet galt afsted – noget man bestemt ikke morede sig over dengang, men som i dag kan trække smilet frem.

Dette er 2. udgave af bogen, som oprindelig var næsten 20 år undervejs. Heldigvis fik jeg nedskrevet beretningen om mit lystfiskerliv i perioden fra 1973, hvor jeg fik min første fiskestang, og frem til 1987, det år, hvor jeg blev student, mens jeg stadig havde oplevelserne i frisk erindring. Jeg har haft stor glæde af at nedskrive denne historie, og det tror jeg kan mærkes. Jeg håber og tror, at du under læsningen af og til vil tabe koncentrationen og pludselig for dit indre øje kunne se en lille lyshåret knægt i fuldt firspring igennem barndommens land med sin første fiskestang i hånden.

9

Indledning

Hvornår og hvordan startede det hele? Tjah, hele familien flyttede ind på en rigtig gammeldaws bondegård med blot 19 tønder land jord i sommeren 1973, og min første fiskestang fik jeg i fødselsdagsgave, da jeg omtrent samtidig fyldte fem år. En massiv grøn 5 fods ABU Junior glasfiberstang, der kunne tåle lidt af hvert, forsynet med et Abumatic 220. Hertil en billig 0,35 mm line, et par blink, lidt kroge og bly. Sjældent har en fødselsdagsgave vagt så megen begejstring. I lang tid havde jeg beundret min fars fiskestænger. Han havde dels en gammel rørbygget, gul 9 fods glasfiberstang fra sidst i 50'erne med et Mitchell 300 fastspolehjul, og desuden – endnu bedre – en lækker 8 fods fluestang i glasfiber med et Young & Sons fluehjul og en elendig gammel og flosset brun flueline. Det hændte, at jeg under skarp bevogtning fik lov at prøve fluestangen. Grunden til, at han var lidt øm over den, var sikkert, at han havde købt den i 1964, da pengene var små, og min mor desuden var gravid med min storesøster. Det var vistnok gået ud over finansieringen af en barnevogn, og det havde absolut ikke været populært. Så han havde altså kæmpet en hård kamp for sin fluestang, og den var blevet brugt meget ved Sæby Å, hvor en gylden bækørred på et sted imellem 2 og 2,5 kilo havde været højdepunktet.

Få dage før min søster blev født, havde min mor også haft sin debut som lystfisker i en lokal mose. Egentlig ville hun af skræk for at fange noget slet ikke have haft snøren i vandet, men eftersom der gik nogle jægere på stedet, som var stærkt irriterede over det unge fiskende par – og ikke lagde skjul på det – smed hun alligevel snøren ud, udelukkende for at genere dem yderligere. Straffen faldt naturligvis prompte, da en pæn gedde kastede sig over agnen. Efter at have skreget voldsomt op – sikkert først og fremmest til ære for jægerne – fik hun den på land med kyndig hjælp fra min far. Aldrig havde hun set en så grim, ækel og ondskabsfuldt udseende fisk. Det var både første og sidste gang, min mor var med på fisketur, og legenden vil vide, at mine forældres afgang fra søen den dag blev akkompagneret af adskillige skræmmeskud – lidt af et mirakel egentlig, at turen ikke satte fødslen i gang i utide! Det må således alt i alt konstateres, at jeg kun er genetisk belastet fra den ene side. Min søster har da, så vidt jeg ved, heller aldrig fisket, på nær en enkelt gang som teenager med det formål at imponere en ung herre. Hun var dog så heldig ikke at fange noget. Min far fiskede fortsat i nogle år, men efter vi var flyttet ind på bondegården, der lå 5 km øst for Fjerritslev i Hanherred, hvor gode ørredåer ikke hænger på træerne, svandt interessen efterhånden. Det var under disse vanskelige forhold, at jeg fik min debut som ørredfisker.

Barndommens bæk

Der ligger et vandløb lige syd for Fjerritslev, som nok så flot kaldes Mølleå, selvom jeg snarere vil betegne det som en bæk. Ved det gamle frysehus, der lå på en kronisk glat kalkskråning, var bækken stemmet op, hvilket resulterede i et – syntes jeg dengang – mægtigt, brusende vandfald. Ovenfor opstemningen var bækken selvfølgelig langsomt flydende, dyb og sumpet, men fra vandfaldet og godt en kilometer nedstrøms, hvor en rørlægning fulgt af en udledning fra det lokale "rensningsanlæg" gjorde kål på herlighederne, slyngede bækken sig klukkende afsted. Dette til trods for, at gravemaskiner for god ordens skyld med jævne mellemrum anbragte det fine grus fra åbunden oppe på brinken, hvilket selvfølgelig havde sat sig sine spor. Brinkerne var meget høje og som slået efter en lineal, men bækken lod sig ikke tæmme. Det grusfyldte kridt, som bækkens leje bestod af, gjorde, at vandet efter en opgravning på noget nær rekordtid fandt nye veje, hvilket medførte, at der både fandtes stryg med næsten ren grusbund og dybere høller skåret ind i brinken.

Desuden var vandet rent, hvad der jo var lidt af en undtagelse der først i 70'erne. En af mine første erindringer er som treårig at stå ved Liver Mølle nordvest for Hjørring og betragte Liver Å. Jeg har siden læst, at åen dengang var en af Danmarks mest forurenede, og det skal nok passe. Brune kager og brunt skum flød afsted på overfladen, åen stank som en kloak, og dyrelivet ved brinkerne bestod hovedsageligt af velnærede rotter. Altså ikke synderligt indbydende for selv den mest entusiastiske lystfisker. Liver Å kæmpede en hård kamp og var stadig stærkt forurenet, da vi flyttede til Hjørring i 1982. Fra sidst i 80'erne blev vandkvaliteten endelig bedre, og ved årtusindskiftet havde Liver Å forvandlet sig til et indbydende fiskevand. Desværre er åen med jævne mellemrum blevet ramt af forureninger med spildevand, gylle, ensilagesaft, olie, ja sågar natriumhydroxid, hvilket hver gang har sat den lokale lystfiskerforenings arbejde med at opbygge en god ørredbestand flere år tilbage. En sørgelig historie, men her heldigvis kun et sidespring.

I barndommens bæk var der masser af bækørreder. Bækken var de fleste steder kun 1-1,5 meter bred og næppe over 30 cm dyb, og ørredernes gennemsnitsstørrelse var derefter. Jeg fandt dog i løbet af kort tid fire pladser, hvor de lidt større fisk holdt til. Den første var under den gamle rustne jernbro lige nedenfor vandfaldet. De næste tre skyldtes alle markveje, hvor underføringer gennem rør skabte en niveauforskel og dermed et høl lige nedenfor broerne. "Det store hul" nogle hundrede meter nedstrøms for vandfaldet var det bedste sted. Længere nede lå der tilsvarende to broer med få meters mellemrum, og der var det også godt. Problemet var, at disse to sidste høller lå på tyrestationens mark. Når der gik tyre ude, var det indlysende, at man skulle holde sig væk. Ellers bestod den største fare i at få en balle af konen på tyrestationen. Hun var berygtet for sine skideballer, og hun gik ikke af vejen for at true – næsten – uskyldige børn med politiet. Jeg oplevede det kun én gang, men det var også sidste gang, jeg fiskede der.

"Det store hul" var mere sikkert. Dér tålte lodsejeren fiskende børn på broen, hvis man ellers opførte sig ordentligt og ikke gik i vejen. Broen lige efter vandfaldet var dog det sikreste sted, for her kendte mine forældre lodsejeren. Så vidt jeg husker, startede min karriere som ørredfisker på den bro. Jeg fangede dog ingenting på min orm. Der gik et par år, før jeg fik hug der, men det var til gengæld den største ørred, jeg nogensinde så i bækken. Jeg var ikke alene ude den dag. Min mor havde kørt min bedste ven Karl Henrik og mig derud, efter jeg havde skamrost bækkens ørredfiskeri overfor ham. Han brød sig ellers ikke meget om at fiske, og det blev vist den eneste gang, vi var på fisketur sammen. Han havde dog en fiskestang, som han monterede med et kæmpemæssigt rødt/hvidt geddeblink. Dette havnede så i bækken nedstrøms broen med et ordentligt plask, hvorefter det fik lov at ligge på bunden. At han ikke fangede noget, gav næsten sig selv. Jeg lod derimod en krog med orm – uden prop – drive langsomt ind under broen. Vi stod nu og hyggesnakkede og lagde store planer om alt muligt – som man nu engang gør i den alder. Pludselig rykkede det gevaldigt i min line! Naturligvis gik det galt, da jeg begik den kæmpe brøler at prøve at hale fisken op over broen i stedet for at lande den nede på brinken. Løfte den kunne jeg knap nok. Jeg husker stadig lyden af dens baskende hale i vandoverfladen, og jeg er den dag i dag overbevist om, at den har ligget på den gode side af et kilo. Jeg glemmer heller aldrig følelsen, da den til sidst slap af krogen og forsvandt i bækken med et mægtigt plask. Jeg har mistet langt større fisk sidenhen, men aldrig har jeg været så knust. Resten af dagen kunne jeg ikke snakke om andet end den store ørred, og det var måske derfor, Karl Henrik altid senere betakkede sig, når samtaleemnet drejede sig hen i retningen af fisketure. Med inspiration fra en Anders And historie blev ørreden døbt "Jernkæbe", men jeg så den selvfølgelig aldrig igen.

Min første bækørred kom på land, første gang jeg fiskede i "Det store hul". Jeg havde fået lært at montere linen med orm og prop, men hvordan det så ud, når man havde bid, havde jeg ingen anelse om. Det var min far, der gjorde mig opmærksom på, at jeg havde hug. Jeg kunne da godt se, at proppen hoppede lidt op og ned på vandoverfladen, men min far instruerede mig indtrængende om, at jeg kun ville få fisken, hvis jeg ventede med at hale ind, til proppen var gået under. Enten var denne fisk usædvanligt længe om at bestemme sig, eller også var jeg usædvanligt utålmodig. Det tog måske et minut, men det føltes som timer. Endelig! Jeg trak til, og en bækørred hang sprællende på linen. Den har nok næppe kunnet holde mindstemålet, der dengang var 25 cm, men jeg sprang rundt, stolt som en pave. Min far aflivede den – han viste mig, hvordan det skulle gøres: En tommelfinger mod fiskens overmund og så trykke opad, til nakken knækkede. Den før så livlige og sprællende ørred blev pludselig stille, og blodet løb fra gællerne og ned mod halen. Jeg brød mig ikke om det og kunne i det hele taget slet ikke tåle at se dyr lide. Alene det at sætte en regnorm på krogen var en overvindelse for mig. Min far forklarede mig, at fisken ville lide meget mere, hvis den ikke blev slået ihjel. Det var der jo en vis fornuft i, og da jeg fiskede for at fange, måtte jeg jo også lære både at aflive og rense ørrederne. Jeg husker, at jeg med mine spinkle barnefingre havde svært ved at knække nakken på de lidt større ørreder, men efterhånden gik det fremad – enten på grund af en bedre teknik eller på grund af tiltagende fingerkræfter.

I det hele taget blev jeg snart en ganske habil ormefisker. Teknikken var jo simpel: En korkprop en meter over krogen, et lille stykke rullebly på linen længere nede og en fed regnorm på krogen. Hjemme på gården var vores hønsegård en uudtømmelig kilde af fede regnorm, og jeg må have vendt al jorden der adskillige gange i årenes løb. Hønsene var umådeligt interesserede i mit forehavende, og det gjaldt om at være hurtigere end dem, hvilket ikke altid lykkedes. Det værste var imidlertid hanen, der kunne være temmelig ondskabsfuld, når han skulle vise sig overfor damerne. Han havde det med at springe ind på én med vildt baskende vinger og rive med de lange kløer. Jeg fik således hurtigt lært, at lange bukser og gummistøvler var en bydende nødvendighed, når der skulle skaffes agn. Hønsene generede mig ikke så meget, for der var som regel orm nok til alle, og jeg blev hurtigt særdeles populær – til stor ærgrelse for min ven hanen, kan jeg forestille mig. Når jeg havde en 20-30 orm i bøtten, var det op på cyklen og afsted.

Vel ankommet blev stangen rigget til, og ormen fik lov at cirkulere rundt i "Det store hul". Det varede sjældent længe, før proppen begyndte at hoppe på overfladen. Så var det bare at vente, indtil den gik under, og når jeg så trak til, hang en bækørred som regel spællende på linen. Fisken havde gerne slugt både orm og krog, hvorfor jeg kunne aflive den med god samvittighed. Dog var størrelsen ret stabil – 20-35 cm, så de fleste har trods alt holdt mindstemålet. Høllet holdt gerne 3-4 fisk, som jeg kunne fange i løbet af en times tid. Jeg fortsatte næsten altid mindst en time mere, indtil det blev for kedeligt, og jeg cyklede hjem.

"Det store hul"

Hvis heldet havde været begrænset, sneg jeg mig i ly af de høje brinker ud på tyrestationens stykke for at hente lidt kompensation, hvilket som regel gav pote. Det var sjældent, at jeg kom hjem uden fisk. Jeg ville ønske, jeg kunne skrive, at jeg ofte sad og betragtede de smukke fisks gyldne farver og stærkt røde pletter i skæret fra den nedgående sol, men sådan var det ikke. Selvfølgelig studerede jeg nysgerrigt de allerførste bækørreder, og vel specielt den første, men det blev snart glæden og spændingen ved at fange dem, der betød noget. Jeg kan dog tydeligt huske, at jeg elskede både lugten og smagen af friskfangede ørreder – og det gør jeg stadig. Nogle ting vokser man aldrig fra!

På en køretur mange år senere vendte jeg tilbage til barndommens bæk. Det var lige før, jeg med Blichers ord måtte sige "Ak, hvor forandret!". Jernbroen nedenfor vandfaldet var der endnu, selvom tidens tand absolut havde gnavet yderligere. Bækken var det umuligt at få øje på, og for overhovedet at komme derned måtte man kæmpe sig igennem meterhøje tidsler og brændenælder. Bækken var lagt udenom vandfaldet, og tilbage stod der kun nogle stumper beton. Det var svært at få de sørgelige rester til at stemme overens med det dengang så mægtige vandfald. "Det store hul" eksisterede heller ikke mere. Niveauforskellen ved vejunderføringen var jævnet ud, og bækken var også her totalt overgroet.

I det hele taget skal der i dag en yderst entusiastisk lystfisker til overhovedet at forsøge at trænge igennem den tætte vegetation og finde bækken. Jeg vil vælge at se positivt på det. Gravemaskinerne fjerner ikke længere bækkens gydegrus, og der er fri passage for ørrederne. Der er nok heller ingen tvivl om, at de i dag får lov at være i fred, og det må man glæde sig over. For det undrer mig egentlig, at der dengang blev ved med at være ørreder i barndommens bæk. På det tidspunkt brugte man ikke det med at genudsætte bækørreder, og der var andre drenge end mig, som fiskede der. Dog egentlig forbavsende få, hvad man måske kan takke konen på tyrestationen for. Bestanden må simpelthen have været i stand til at reproducere sig hurtigt nok i det lukkede økosystem, der bestod af godt og vel en kilometer bæk nedstrøms fra vandfaldet (dengang var der ingen fiskepassage) og til rørlægningen. Men måske var det alligevel meget godt for bækørredbestanden i barndommens bæk, at jeg snart fandt nye fiskesteder.

Min første fiskekammerat

I 1974 var jeg begyndt i børnehaveklassen på den lille idylliske Hjortdal Skole med et sted imellem 50 og 100 elever. Her kom jeg til at gå i klasse med Jan, der var søn af en stovt fisker fra Slettestrand. Vi delte en stor interesse for lystfiskeriet, og det kom der en del ture ud af. Jan var selv en solid knægt, der kunne tæve alle drenge i klassen, så det var yderligere en god grund til at holde sig gode venner med ham.

Vores første fisketur sammen var efter ørreder i den lille Slette Å, der løber ud ved Slettestrand. Lidt ovenfor klitrækken kendte han et godt fiskested – lige ved "Fiskeri Forbudt" skiltet! Vi var altså på gale veje, men selvom jeg fiskede der mange gange, gik det aldrig galt. Hele åen nedstrøms det nu nedlagte dambrug ved Hjortdal var fredet, og at jeg sidenhen et par gange kom til at fiske på strækningen lige nedstrøms Hjortdal, hvor åen klukkende slynger sig igennem den skønneste skovklædte smeltevandsdal, skyldtes udelukkende de rette forbindelser. Jeg fangede dog aldrig noget særligt deroppe, men det var et specielt privilegium at få lov at fiske, hvor ingen andre måtte, og jeg husker, at min far en lun forårsdag først i 80'erne fangede en flot og gevaldig farvet 40 cm's regnbueørred på orm. Den huggede ved en mægtig granitsten, der havde sat en brat stopper for vandets vej mod havet og tvunget åen ind i et 90 graders sving. I det hele taget var åens fald meget stort på denne strækning og strømmen tilsvarende stærk. Set i bakspejlet skulle jeg nok have koncentreret fiskeriet ved åens få roligere partier, men min metode dengang bestod i at smide proppen ud og ubekymret følge dens vej ned gennem dalen. Alene det at se, hvordan strømmen nogle gange spillede pingpong med proppen, var en oplevelse, og proppen gik ofte under, hvilket hver gang fik hjertet til at flyve op i halsen på

18

mig. Der var mange trærødder i åen, og jeg satte ikke så få kroge fast. Nogle gange gav rødderne sig en del, når jeg rykkede kontra, og det faldt mig aldrig svært at forestille mig, at jeg havde haft kontakt med den lokale "Jernkæbe".

Det gode fiskested ved Slette Å!

Ved et par enkelte lejligheder i sidste halvdel af 70'erne fiskede jeg også i den nærliggende Svenstrup Å, der havde sit udspring i den skønne "Fosdal". Her havde Jan efter sigende fanget en bækørred på 47 cm, og da min far og mig kort tid efter var på pletten, krogede jeg en gammel trærod godt og grundigt. Gode råd var dyre, for vi havde ingen ekstra kroge med. Det endte med, at min far gik i vandet og reddede krogen. Det kostede ham en fyldt gummistøvle, og vi fangede alligevel ingenting. Det gjorde jeg for øvrigt aldrig i Svenstrup Å.

Den forsommerdag i 1976 foregik fiskeriet imidlertid så tæt på havstokken, at man kunne høre havets brusen. Her nedenfor dalen med de stejle skrænter bestod terrænet af gammel havbund, og åen havde fuldstændig skiftet karakter. Den var langt bredere end oppe i skoven, hvor man flere steder kunne skræve over den, og den løb dovent afsted over sandbund, der vekslede imellem steder, hvor man kunne vade over i gummistøvler, og lidt dybere partier. På "stedet" lige ovenfor klitrækken, der jo var nemt at finde på grund af skiltningen, udvidede åen sig og blev så dyb, at man i hvert fald ikke kunne se bunden, og langs med den modsatte bred var der tæt sivbevoksning.

Udover Jan og mig var Jans storebror Kent med. Deres forældre har nok syntes, at vi var lidt for små til at være ved åen på egen hånd. Metoden var igen den, som jeg mestrede med orm og prop, men det blev Kent, som var ubeskeden nok til at fange den første fisk – en regnbueørred på cirka 25 cm. Stor opstandelse, for den lignede jo slet ikke de bækørreder, jeg var vant til at fange. Tilfældet ville, at jeg fik det næste hug. Jeg var vist optaget af noget helt andet, da Kent gjorde mig opmærksom på, at min prop dansede hen over vandoverfladen. Før jeg fik set mig om, havde han kroget fisken, og det eneste jeg skulle foretage mig, var at hale den i land. Det gik fint, og den var betydeligt større end Kents – vel omkring de 30 cm. Kent viste mig også, hvordan man skulle rense den og forklarede mig, at det var vigtigt for smagen at tage "tærrerne" ud med det samme. At "tærrer" betød tarme på den lokale dialekt, havde jeg ingen anelse om – til stor moro for mine forældre da jeg genfortalte historien om aftenen. Så vidt jeg husker, fangede Jan ikke noget den dag, men han tog det pænt. Dagen sluttede med stegt ørred hjemme hos Jans forældre, og jeg var den pavestolte hovedleverandør.

En dag betroede Jan mig, at han havde været nede at fiske i Simested Å, hvor han på en dag havde fanget 13 ørreder. Jeg var målløs – 13 ørreder! På de bedste dage ved barndommens bæk havde jeg måske fanget fem. Efter kort tid stod Simested Å for mig som *drømmevandet*! Jeg begyndte at plage min far i tide og utide om at komme derned, og endelig i det tidlige forår 1979 gav han sig. En bidende kold dag sidst i marts kørte vi til Aalestrup, hvor vi købte fiskekort på Hotel Hvide Kro. Jeg var vågnet klokken fire om morgenen af bare spænding, og vi var der kort efter, det var blevet lyst, men så vidt jeg husker, måtte vi vente en rum tid, til hotellet åbnede, og de eftertragtede kort kunne erhverves til 30 kroner per næse. En på den tid dyr fornøjelse altså, men far betalte, og han havde desuden lovet, at jeg måtte låne hans spinnestang og fastspolehjul, da han selv ville fiske med flue.

Næppe nogensinde har jeg været så spændt på at komme i gang, og vi var dårligt nok ude af bilen, før jeg havde ormen i vandet. Men ak, hvilken skuffelse! Det sneede og blæste, og åen var meget apropos som blæst for fisk. Jeg frøs forfærdeligt, og snefnuggene bed i kinder og næse. Hen på eftermiddagen gav vi forfrosne op og kørte hjem i varmen. Ingen fangst overhovedet! Højt at flyve, dybt at falde, men vi kunne nemt blive enige om, at det måtte være vejret, der var årsagen. Det var ganske givet forklaringen, hvilket senere oplevelser ved åen skulle bekræfte. Jeg behøver vel næppe nævne, at jeg "glemte" at fortælle Jan om turen?

Fra kyst og mole

Det er også i dag åfiskeriet, der står mit hjerte nærmest, hvilket måske skyldes, at det så at sige var det, jeg voksede op med. Jeg forsøgte mig dog også nogle gange i Limfjorden i sidste halvdel af

70'erne. Fiskeriet foregik altid med bundsnøre og regnorm, og resultaterne var til at overse. Vandkvaliteten var betydeligt dårligere end i dag, og fjorden stank altid råddent. Jeg fiskede flere gange ved Aggersundbroen uden at være klar over, at stedet er perfekt til hornfisk i sæsonen. Fiskeriet foregik ved at smide en bundsnøre ud, vente et kvarters tid, og så hale ind i håb om, at en fisk havde bidt på en af krogene. Det skete sjældent, men jeg fangede da enkelte ålekvabber, som jeg altid smed ud igen, fordi jeg syntes, de var ulækre. Jeg tør ikke tænke på, hvordan jeg havde reageret, hvis en ulk havde bidt på min krog, men hvis det skete på en af disse ture, har jeg fortrængt det. En enkelt gang gjorde jeg dog en god fangst, nemlig en næsten ny klapstol som sidenhen trofast blev slæbt med til Aggersund.

Ved en enkelt lejlighed gjorde min far og mig et seriøst forsøg på at fravriste Limfjorden en anstændig fisk, idet vi købte en bakke dyre sandorm og kørte hele den lange tur til Feggesund. Der sad vi så ved færgehavnen og landede den ene velnærede krabbe efter den anden, indtil agnbeholdningen til sidst slap op. Så kørte vi hjem og glemte Limfjorden for en tid.

Jeg fik på et tidspunkt – i eftersommeren 1977 tror jeg – nævnt overfor Jan, at jeg ikke rigtig kunne finde ud af det der med at fange fisk fra kysten. Det mente han med vanlig selvtillid nok at kunne hjælpe mig med, og vi aftalte en tur til Slettestrand. Imidlertid måtte vi atter på forbudte veje. Denne gang var det Kents grejæske, der skulle stå for skud, idet den indeholdt "medicinen" til fladfiskene. Det var temmelig farefuldt, for Kent var en solid gut, der nok skulle kunne lange en ordentlig øretæve ud! Jeg holdt vagt, mens Jan sneg sig ind på Kents værelse. Det gik selvfølgelig galt! Pludselig stod – ikke Kent, men endnu værre – Jans far – foran mig. Han syntes at

22

være cirka to meter bred, og jeg var ret bange for ham. Den dårlige samvittighed har ganske givet lyst ud af mig. I hvert fald blev Jan ret så hårdhændet hentet ud fra Kents værelse – men dog med de essentielle agn i lommen. Nu skulle der fanges rødspætter!

Jeg stirrede med udpræget skepsis på de frembragte agn, da vi var nået i sikker afstand af huset. Hvis jeg husker rigtigt, var det små, fiskelignende pirke, og jeg havde hørt, at fladfisk kun kunne fanges på sandorm. I dag undrer det mig, at vi kunne have succes, men måske satte vi agn på krogene – jeg er ikke helt sikker. Ved stranden smøgede vi bukserne op og vadede ud på første revle. Så kastede vi pirkene så langt ud vi kunne – sikkert ikke mere end 20-30 meter – og lod dem ligge på bunden. Efter en tid halede Jan ind, og der hang en lillebitte, næsten gennemsigtig fladfisk på krogen. Jeg var målløs, men blev straks fyr og flamme. Jan kastede længere end mig og fangede vel en 3-4 fladfisk, hvoraf én syntes stor nok til at blive bragt med hjem. Jeg måtte nøjes med en enkelt i frimærkestørrelse, men det var godt nok for mig. Min første fladfisk, der nok har været en ising, var en realitet.

På hjemvejen blev jeg belært om, at jeg måtte købe noget ordentligt fiskegrej, så jeg kunne kaste længere, men noget sådant rakte økonomien slet ikke til på det tidspunkt. Jeg var dog begyndt at drømme, da jeg hos den lokale grejhandler – isenkræmmer Brandi i Fjerritslev – havde fået Nap & Nyt 1976. Det grejkatalog blev ganske tyndslidt – jeg tror, at jeg kunne det udenad til sidst. Jeg lovede mig selv, at alle de penge, jeg engang ville få til min konfirmation, skulle gå til et af de røde Ambassadeur-hjul. At jeg måske ikke ville kunne finde ud af at fiske med det, bekymrede mig ikke, for det var så *smukt*!

Geddedrømme

Det må have været i foråret 1980, jeg første gang hørte om "kanalen". Igen var det Jan, der havde fundet stedet, og ifølge ham kunne man næsten fange alle slags fisk der. Gedder, aborrer, brasener, skaller og ål var der i hvert fald, og alle stod for mig som nærmest eksotiske fiskearter, som jeg – grundet den udprægede mangel på større søer i Fjerritslev-området – kun havde drømt om at prøve at fange. Hertil kom, at fiskeriet helt bestemt var frit, hvilket sidenhen viste sig at være korrekt. Kort tid efter stod jeg for første gang ved Vilsbæksminde Kanal. Det var ikke noget særligt spændende sted – fladt som en pandekage, sådan som jeg husker det altid tåget, og selve kanalen var bred, mørk, langsom, mudret og *uhyggelig*. I mine drømme var jeg flere gange ved at drukne der i de kommende år. Men fiskes skulle der ikke desto mindre!

Jeg havde lånt min fars fiskestang og hjul og medbragt, hvad jeg havde kunnet finde af geddeagn i hans grejæske, under strenge ordrer om at det hele skulle med hjem igen. Det kom det også, for jeg fangede ikke andet end dammuslinger hele dagen, men Jan stod pludselig oppe på broen og holdt en gevaldig fisk frem. En gedde på 1,6 kilo som luskebuksen havde fået på land, uden jeg havde hørt noget som helst! Indtil da havde jeg kun set en gedde på billeder, og fisken så langt mere imponerende ud i virkeligheden med sin torpedoformede, grønlige krop og det grumme hoved. Jeg er ikke bange for at indrømme, at jeg var grøn af misundelse. Jan havde fanget gedden på en lille grøn/gul Mitchell-spinner, og jeg rodede febrilsk i grejæsken for at finde noget tilsvarende, men uden held. Jeg var straks overbevist om, at gedderne kun ville hugge på grøn/gule agn – og naturligvis særligt Mitchell-spinnere. Jeg tiggede Jan om at låne den, men han ville under ingen omstændigheder give sin dræber-spinner fra sig. Nu havde jeg helt mistet tiltroen til min fars gamle rød/hvide, flydende wobler, der ellers havde fanget ham en gedde på omkring de 10 kilo engang i 50'erne, og resten af dagen tjattede jeg den ud på må og få fra min plads på sydsiden af broen med det rødmalede jerngelænder. I det mindste gik den så højt i vandet, at jeg ikke fangede dammuslinger på den. Ingen af os fangede flere fisk den dag, men Jan var nogle dage efter så flink at forære mig et stykke røget gedde. Det smagte egentlig okay, selvom det var lidt tørt, og jeg bryder mig ellers overhovedet ikke om at spise gedder.

Synet af Jans gedde havde for alvor tændt mig, og jeg *måtte* simpelthen prøve at fange en gedde i kanalen. Tidligt og silde plagede jeg mine forældre om at blive kørt derud. Det undrer mig egentlig ikke, at jeg ikke havde større held med mit forehavende, for jeg stod ved vejbroen – naturligvis på nordsiden, hvor Jan havde fanget sin gedde – og kastede de samme steder igen og igen. Enkelte gange vovede jeg mig dog ned til pumpestationen ved udløbet i Limfjorden, hvor der også var fast grund under fødderne. Derimod skulle jeg nok vare mig for at forsøge at nå ud til vandkanten i sivene langs bredden af kanalen, og det var helt givet heller ikke gået godt uden waders. Endelig, tredje eller fjerde gang jeg var der, forbarmede en lille 35 cm's gedde sig over mig og huggede på min Mepps spinner. Spinneren var guldfarvet med røde pletter og det nærmeste, jeg havde kunnet komme Jans dræber-spinner hos den lokale isenkræmmer. Gedden skulle selvfølgelig ud igen, men den fangst var tilstrækkelig for mig – jeg havde brudt en ond cirkel, hvor jeg hverken havde haft tiltro til forehavendet eller fanget gedder. Jeg dansede glad og stolt op på broen og omfavnede min mor, der var med den dag – i øvrigt mens jeg stadig havde fisken i hånden. Og så mistede jeg ellers trangen til at fiske gedder for en tid.

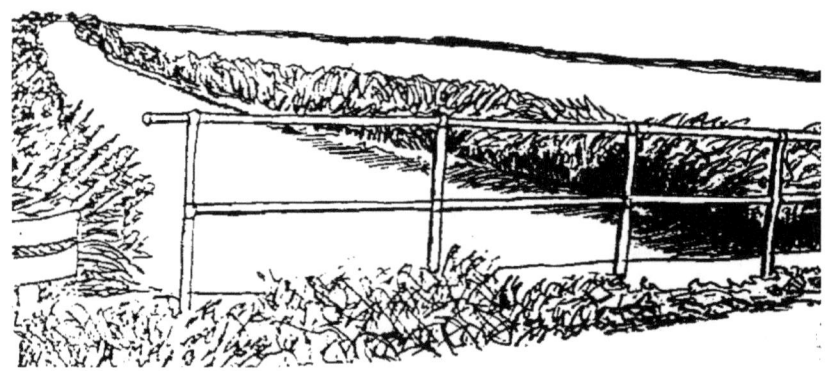

Vilsbæksminde Kanal

Jeg husker dog en enkelt tur mere til kanalen den sommer. Da var min far og mig taget ud til pumpestationen på en dunkel gråvejrsdag. Her tæt på udløbet i Limfjorden var der om muligt endnu mere gråt, for der sværmede så mange myg, at det nærmest var tåget. De fløj ind i ørerne, i næsen og i munden på en, men heldigvis stak de ikke. Vi fangede hver en aborre på omkring 25 cm på spinner, inden vi fik nok og fortrak til bilens beskyttende ly. Det var min første aborre, og begge blev behørigt kogt om aftenen – i vand med salt og kryddernelliker, og de smagte herligt.

Læsøs fjæsinger

I sommeren 1980 holdt familien – minus min søster, der netop var flyttet hjemmefra – cykelferie på Læsø. Naturligvis havde et par fiskestænger sneget sig med i bagagen, og vi havde da heller ikke været der ret længe, før vi var nede at se på forholdene på molen i Vesterøhavn. Den sommer hang der mange steder opslag om, at badende skulle passe på de usædvanligt mange fjæsinger i farvandet omkring øen, og vi fik syn for sagen, da vi på havnen mødte en tysk lystfisker, som halede den ene fjæsing op efter den anden. Efter at have betragtet det for en stund med sund, nordjysk skepsis spurgte min mor ham, hvad han dog ville med alle de fjæsinger. Tyskeren kunne oplyse, at de smagte særdeles godt – "wie Forelle"! Hans teknik bestod i at gokke fjæsingerne med en jernstang, mens de endnu hang på linen. Herefter svøbte han et håndklæde om fisken og klippede giftpiggene af med en tang.

Jeg var straks fyr og flamme, og samme aften stod min far og mig på molen medbringende et par bakker sandorm. Da min far selv skulle bruge sit spinnegrej, måtte jeg nøjes med min gamle grønne 5 fods ABU Junior, og jeg kunne med en del ærgrelse konstatere, at han kastede cirka dobbelt så langt som mig. Det gav sig selv, at de store fisk måtte opholde sig umiddelbart udenfor min kastevidde. Det stod dog hurtigt klart, at min begrænsede kastelængde var helt ligegyldig. Der var næsten hug med det samme, og de fleste fjæsinger kom med op. De var ikke ligefrem i rekordstørrelse – vel maksimalt 25 cm – men der var mange af dem! Min far tog sig af det risikofyldte arbejde med aflivningen. Han ventede simpelthen, til fisken holdt op med at sprælle, hvorefter han kvaste hovedet på den med sin træsko. Derefter blev giftpiggene klippet af. Min far havde held til at fange en enkelt skrubbe i en hæderlig størrelse. Jeg husker, at han glædestrålende udbrød "Jubiiii, jeg har fanget en flynder!", men netop da han rakte ud efter den, røg den af krogen, og han kunne bandende se den falde ned imellem molens sten udenfor vores rækkevidde. Vi kunne høre den sprælle længe efter, og jeg havde det frygtelig dårligt med det. Dels var det synd for min far, men det var endnu mere synd for fisken, som gik en grum skæbne i møde. Heldigvis var fjæsingerne stadig i stødet, og da vi i skumringen cyklede tilbage til teltpladsen, havde vi 22 styks i posen.

I det tiltagende mørke blev fiskene stegt i stanniol på bålet, og det var virkelig et sent, men herligt aftensmåltid. Vi havde tilstrækkeligt til at invitere vores naboer på stegt fjæsing. De var lidt skeptiske i starten, men efter at have forvisset sig om, at vi ikke blev dårlige og faldt om, overbeviste en smagsprøve dem. Det blev ikke den sidste fjæsingtur den uge på Læsø, men det er den, jeg husker bedst.

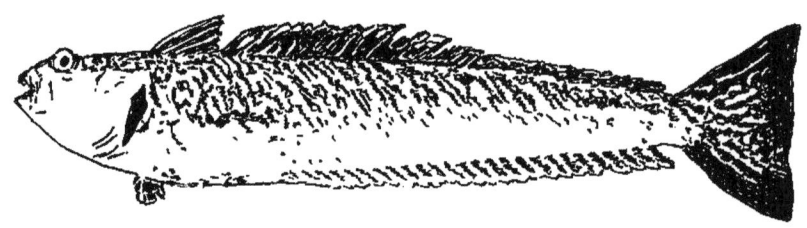

Skivum Krat

Min far, der frem til 1981 arbejdede som lærer på Fjerritslev Skole, havde i flere år holdt lejrskole i Skivum Krat med sine elever. Ganske tæt på lå Sønderup Å og August Jørgensens dambrug. Fiskeriet var dengang frit på stykket nedenfor dambruget, og mange af min fars elever havde slæbt store, fede regnbueørreder med hjem fra tidlige morgenture til åen. Min søster betroede os senere, at disse fisk blev fanget nede i en af dambrugets kanaler, hvor fiskene stod tæt. Fiskeri dér var strengt forbudt, og derfor måtte ekspeditionerne nødvendigvis foregå, inden August var stået op. Som læreren anede min far naturligvis – sikkert som den eneste – intet om dette, og han var blevet gode venner med August. Lige ovenfor broen ved dambruget lå opstemningen med en efter alt at dømme ubrugelig fisketrappe. August havde fortalt min far om, hvordan de store havørreder i det sene efterår stod tæt nedenfor trappen. At de var umulige at få til at bide, fandt vi først ud af langt senere. Det var naturligvis uundgåeligt, at vi på et tidspunkt måtte derned og have del i herlighederne. Den første tur var dog ingen succes. Det har nok været i januar eller februar 1981, og der var is i kanterne af åen. Ørrederne led tilsyneladende af kuldechok, og åen var som blottet for liv. Godt forfrosne begav vi os til sidst op mod bilen, og på vejen mødte vi August. Han kunne vist godt se, at jeg så en smule desillusioneret ud, og kort efter havde vi aftalt at købe tre fisk fra en af hans damme. Betalingen var nærmest symbolsk – fire kroner stykket, så vidt jeg husker. Til min store glæde fik jeg lov at smide en spinner ud tæt ved vandindtaget, hvor der var isfrit, og fiskene stod tæt. Det varede heller ikke mange kast, før jeg havde hug. Det trak til gengæld ud med at fange de sidste to kuldesløve ørreder, og til sidst måtte August tage dem i sit store net. Men min dag var allerede reddet.

Næste gang, vi var der, var sidst i april. Det var en skøn forårsdag, og den afsluttende del af køreturen ned mod åen var i sig selv en oplevelse. På den stærkt kuperede skråning var skovbunden dækket af anemoner, og de første trækfugle kvidrede, så det var en lyst. Kort sagt en af de forårsdage, hvor man næsten kan mærke naturen vågne op efter en streng vinter, der mere var reglen end undtagelsen dengang, og ørrederne var tilsyneladende gevaldigt sultne ovenpå den hårde kulde. Jeg havde næppe fået ormen i vandet ved det første udløb fra dambruget, før proppen gik under. En fin regnbueørred på godt 30 cm hang et øjeblik efter sprællende på linen. Sådan gik det slag i slag. Næsten hvert eneste sted på strækningen, hvor vanddybden var over en halv meter, bed en pæn regnbueørred, og jeg havde en af de sjældne dage, hvor alting bare lykkes. Jeg kunne ligefrem *lugte* fisk, men det skyldtes måske den stadig tungere plastikpose, der ikke veg fra min side. Den strækning, hvor vi måtte fiske, var kun nogle få hundrede meter lang, men da jeg nåede til enden, var posen herligt tung, og jeg var ikke til at skyde igennem. Min selvtillid blev ingenlunde ringere af, at min far denne dag havde mindre held med fluen.

Sønderup Å ved Skivum Krat

I øvrigt stiftede jeg på denne tur for første gang for alvor bekendtskab med begrebet en "hængesæk". For at komme rundt i det første store sving måtte man forcere et stykke, der var mere end almindeligt sumpet. På første tur havde der på grund af frosten været fast grund under fødderne, og jeg var derfor ikke videre agtpågivende, hvilket hurtigt resulterede i en gummistøvle fuld af det sorteste, ildelugtende mudder. Den dag lærte jeg at bevæge mig på kattepoter fra græstue til græstue, når en hængesæk skal forceres. En våd sok kunne imidlertid ikke spolere mit humør, og vi kørte først hjem ved solnedgang – godt trætte efter en herlig dag. Vi havde flere dejlige ture til Skivum Krat, men pludselig en dag midt i 80'erne var den gamle lodsejer flyttet, og den nye solgte dagkort til strækningen for 50 kroner. Det syntes vi, var lidt rigeligt for de få hundrede meters fiskeri, og vi kørte i stedet længere nedstrøms åen til Vegger, hvor fiskekortet var billigere. En skønne sommerdag blev savnet dog for stort, og vi kørte atter til Skivum Krat – blot for at opdage, at stykket nu var blevet fredet. Da ville vi egentlig godt have givet 50 kroner per snude – måske endda mere.

Fiskeweekend med Arne

Da jeg mødte i skolen efter sommerferien 1980, var der kommet en ny dreng i klassen. Arne var fra Tyskland, men hans mor var dansker, og han talte selv rimeligt dansk. Egentlig gik han en klasse over mig, men da denne årgang kun bestod af fire elever, var vi blevet slået sammen. Endnu mere interessant var det, at hans lillesøster, som var jævnaldrende med mig, var umådeligt sød. Alt talte således for at gøre hans bekendtskab, og det varede ikke længe, før jeg fandt ud af, at han var ivrig lystfisker.

Vores første tur sammen gik til Slette Å. Resultatet var magert. Arne mistede en lille ørred, og jeg havde vist et godt hug. I dag er jeg dog ikke helt sikker på, at det ikke var et bundbid, men den anden historie var jo noget bedre. Arne var en stor fan af heavy rock, og det var ved at drive mig til vanvid. På det tidspunkt var jeg mest til Bølle-Bob og den slags, og jeg havde ingen anelse om, at jeg få år senere selv skulle foretrække en form for musik, der fik Arnes heavy

31

rock til at lyde som kommerciel pop. Nå, men hvis Arne besøgte mig, kunne jeg slippe for at høre AC/DC, men samtidig kunne jeg ikke lure på hans lillesøster. Et svært dilemma, men i maj 1981 besøgte han mig i en hel weekend, og det skulle blive min første seriøse fiskeweekend.

Vi lagde ud fredag efter skoletid ved "Det store hul", hvor jeg generøst lod Arne kaste snøren først i vandet. Et øjeblik senere hang en 34 cm's bækørred sprællende på krogen. Arne strålede af glæde, da han aflivede fisken. Nu var det så min tur, men jeg måtte nøjes med en gnalling, der knap nok kunne holde mindstemålet. Jeg husker, at Arne klappede i hænderne og råbte "sauber, Arildskov!". Jeg var ikke videre velbevandret i tysk på det tidspunkt, men meningen var ikke til at tage fejl af. Det er ikke så meget, hvad man siger, som måden man siger det på. Vi fik et par bækørreder mere, men de var så små, at vi satte dem ud igen. Men skidt, det var jo en god begyndelse, og hjemme blev ørrederne fyldt med forårssvampe – vårmusseroner, som jeg selv havde fundet i vejkanten en dag, da jeg cyklede hjem fra skole – og stegt på bålet. Det var en sand himmerigsmundfuld.

Fulde af optimisme blev vi lørdag kørt til Aggersundbroen. Jeg mener ikke, at vi fangede noget som helst – på nær selvfølgelig grøde. Det lykkedes Arne at sætte en af mine pirke og et blink fast i bunden, og jeg havde gevaldige problemer med min fars gamle Mitchell-hjul. Spolen havde løsnet sig og snurrede med rundt, når jeg spandt ind. På det tidspunkt var jeg ikke tilstrækkeligt fortrolig med fastspolehjul til at vide, hvad jeg skulle stille op, og da jeg ikke ville ydmyge mig selv ved at bede Arne om hjælp, blev fiskeriet derefter. Man må sige, at den tur fik os ned på jorden igen efter en lovende start.

Søndag skulle finalen stå ved Vilsbæksminde Kanal. Entusiasmen var vendt tilbage, og vi havde planlagt alt ned til mindste detalje. Jeg medbragte både mit eget og min fars spinnegrej, så jeg dels kunne mede med orm på bunden og dels afprøve en drabelig tredelt rød/hvid wobler, som jeg selv havde skåret ud af et gammelt kosteskaft. Jeg havde nemlig læst, at store gedder ville have store agn. Arne ville først mede skaller med melklister og derefter fiske gedder med disse som agn. Det blev en herlig solskinsdag, hvor kanalen for en enkelt gangs skyld ikke virkede særlig ond og truende. Jeg monterede min fars fiskestang med en bundsnøre, satte orm på krogen og kastede ud fra broen. Problemet med spolen på hans fastspolehjul havde jeg i smug fået løst aftenen forinden, og nu sad den urokkeligt fast! Den der finesse med bremsen var ikke helt gået op for mig endnu. Så gik jeg ellers i gang med min wobler, der gik fint i vandet, men da intet skete i den første times tid, begyndte jeg at miste troen på forehavendet. Det gjorde det ikke bedre, at Arne konstant havde hug på sit melklister. De fleste skaller fik ikke ordentligt fat, men han fik da et par stykker på land. Snart efter var min stang også monteret med flåd og melklister, men selvfølgelig gad skallerne nu ikke hugge mere.

Arne fik rigget sin stang til med en død skalle, som blev smidt ud langs sivkanten. Imens blev jeg mere og mere ærgerlig over skallernes manglende samarbejdsvilje og satte til sidst stangen fra mig for at tjekke bundsnøren. Jeg strammede op, og krogen hang fast i bunden. Men som i de fleste lystfiskerhistorier bevægede bunden sig pludselig! Et øjeblik så jeg mig selv hale den klassiske gamle gummistøvle op af vandet, men så brød en flot ål på omkring 60 cm vandoverfladen. Arne var der øjeblikkelig med sit fangstnet, og jeg løftede ålen helt ud af vandet og prøvede at plumpe den ned i nettet. Det lod sig dog ikke rigtig gøre med den vildt sprællende ål, der heldigvis var godt kroget, og lidt efter indså jeg det logiske i blot at svinge den ind over land, hvor jeg kastede mig over dyret. Et par gode slag i nakken med en gammel pind gjorde en ende på dens trængsler, og jeg kunne med sindsro danse en mindre glædesdans på broen. Det var min første ål nogensinde. Nu blev min spinnestang ligeledes rigget til med orm og bundsnøre, så Arne også kunne fiske ål. Den døde skalle lod vi ligge, og det samme gjorde gedderne.

En times tid efter gentog seancen sig, idet jeg var ubeskeden nok til at lande ål nummer to, der var en anelse mindre end den første. Nu var jeg næsten ikke til at styre, og hver gang der kom en bil forbi oppe på broen, måtte jeg op og vise ålene frem. De fleste bilister grinede og vinkede, og jeg var ved at revne af stolthed. Arne begyndte at føle sig lidt forbigået, og jeg lovede generøst, at han ville få lov til at lande den næste ål, uanset på hvilken krog den bed. Desværre var hugperioden ovre, og vi fangede ikke mere den dag, men det var alligevel et par glade, solbrændte drenge, der blev afhentet af min mor sidst på eftermiddagen.

Ålene blev stegt på panden, og de smagte fortræffeligt. Arne fik et stykke med hjem, så han ikke skulle føle sig alt for snydt. Vi havde også taget en af Arnes skaller med hjem, og den smed vi ud i stalden, hvor en af hunkattene havde halvstore killinger. Vi regnede med, at den ville gøre stor glæde. En halv times tid senere kiggede vi ud i stalden, hvor vi forventede at se en flok mætte og tilfredse katte slange sig i halmen. Til vores store forbavselse sad alle killingerne på plankerne oppe under loftet med tykke haler og øjne som tekopper. Tilsyneladende var det slet ikke gået op for dem, at vi havde bragt dem et lækkert måltid. Vi måtte koge, partere og afkøle skallen, før de små kræ fandt ud af, hvad vores gode hensigt havde været.

Lejrskole

Arnes fiskegrej bestod af en kraftig 10 fods teleskopstang med et Cardinal 70 fastspolehjul. Jeg var en smule misundelig, men heldigvis nærmede tiden sig, hvor min likviditet tillod de indkøb, som jeg havde drømt om så længe. Kort før min 13-års fødselsdag havde jeg ved mange timers arbejde efter skoletid til den fyrstelige løn af 15 kroner i timen hos en lokal landmand samlet de sidste nødvendige midler sammen. Nu gik jeg på indkøb hos isenkræmmer Brandi og kom hjem med drømmehjulet: Et flunkende nyt Cardinal 160, der havde kostet mig den nette sum af 235 kroner. Og det var mit eget! Time efter time sad jeg og kørte håndtaget rundt, slog bøjlen over og bagstoppet til og fra, mens jeg drømte de skønneste drømme. Det var lige før, hjulet kom med under puden.

Da min fødselsdag kort efter oprandt, blev der også råd til en ABU Siesta teleskopstang på hele fire meter – altså næsten en meter længere end Arnes. At det var en medestang, der egentlig var alt for blød og klodset til spinnefiskeri, bekymrede mig ikke det fjerneste! Det nye grej blev medbragt på årets lejrskole, der var en kanotur på Gudenåen fra Tørring til Ry. Arne så en anelse misundelig ud, men han var sportsmand nok til at komme med nogle rosende bemærkninger om mine nyanskaffelser.

Jeg havde aldrig prøvet at sejle i kano før, og turen står for mig som en kæmpe oplevelse. På første etape, fra Tørring til Åle, var åen endnu af beskeden størrelse, og man følte sig virkelig som ét med naturen. Havde det ikke været for den megen snak og larm, som en flok 12-13-årige elever præsterede, kunne man næsten have følt sig som Ole Lund Kirkegaards "Albert", der oplevede verden sejlende i en tønde. Andendagen var en væsentligt længere tur fra Åle til Vestbirk-søerne. Det var vist ikke helt lovligt, men Arne havde alligevel sat en spinner ud efter kanoen, og på den tur landede han under stort ståhej to bækørreder. Jeg havde sammen med en anden kammerat alt for travlt med at padle om kap med alle andre til at gøre noget tilsvarende, men jeg lovede mig selv, at når vi nåede frem til dagens endestation, skulle der pinedød fiskes. I Vestbirk-søerne var det endda fuldt lovligt.

Jeg var træt og godt øm i kadaveret efter den lange kanotur, men jeg stillede mig alligevel op med fiskestangen på en lille bådebro. Når nu Arne havde haft held med en spinner på sejlturen, kunne der jo ikke være megen tvivl om, hvad jeg skulle forsøge mig med. På et tidspunkt fik jeg til min store glæde selskab af Arnes lillesøster, som gerne ville prøve at fiske, og jeg stillede med stor velvillighed mit nye grej til rådighed. I første kast satte hun min helt nye spinner uhjælpeligt fast i et piletræ, men aldrig har jeg været mere overbærende i en sådan situation. Heldigvis blev hun – trods min grundige instruktion – hurtigt træt af fiskeriet, og min totale økonomiske ruin udeblev. Trods store anstrengelser fangede jeg intet i Vestbirk-søerne den dag.

Den følgende dag gik turen til Voervadsbro, og her blev det min tur til at fange et par små bækørreder på "trolling" med spinner efter kanoen. På fjerdedagen gik turen igennem Klosterkanalen, hvor jeg for første gang i mit liv så isfugle, og endda ikke mindre end fem af slagsen. Jeg mener ikke, jeg fangede flere fisk på denne lejrtur. Det blev desværre sidste gang, jeg så Arne. Da jeg kom tilbage til skolen efter sommerferien, var de flyttet igen – både Arne og hans lillesøster (suk!). Efter sigende helt til Vejle.

Torsk ved Hirsholmene

I juli 1981 fik jeg et tilbud, som jeg ikke kunne sige nej til. Min onkel og tante havde en 30 fods lystbåd, som de sejlede i hver sommer. Jeg havde været med et par gange, men kun på mindre ture. Nu fik jeg tilbuddet om 10 dage på Hirsholmene sammen med dem, og min onkel forsikrede mig om, at der var masser af torsk omkring øerne, som vi kunne fange fra den lille jolle, der hørte til båden. Jeg var naturligvis ellevild, og snart efter var vi på vej mod Sæby, hvor båden lå i havn. Det havde bekymret mig en del, at jeg ikke havde noget kraftigt havgrej, men min onkel havde et ekstra sæt, som jeg kunne låne.

Inden afgang var vi lige indenom den lokale grejforretning i Sæby, hvor jeg fik en blank pirk på 75 gram og et par ophængerfluer. Så tøffede vi derudaf, og jeg fik meget hurtigt en smule kvalme, men det hjalp, da jeg fik lov at styre båden. Jeg mener, vi brugte de første par dage på at se på hovedøens seværdigheder – særligt det smukke gamle fyr fascinerede mig meget. Desuden badede min tante og mig – min onkel kaldte det selvplageri, for vandet var vist kun en 17-18 grader. I de dage var jeg heldigvis ikke så kuldefølsom som nu. Nu om dage går jeg kun i, hvis vandet er over 25 grader, og det vil sige aldrig! Ganske vist badede jeg næsten 17 år senere i fire grader koldt vand på den skånske sydøstkyst – iført flere lag tøj, waders og fiskestang med en firekilos havørred for enden af linen. Helt frivilligt var det ikke, men fisken kom da på land efter en optræden, som jeg har hørt meget for siden. Det var i øvrigt den dag, jeg lærte at værdsætte vadebælte og vadestok, men det var nu et sidespring. En speciel erindring fra de første dage på Hirsholmene var, at jeg for første gang smagte rigtig norsk myseost. Om det var den, eller en vindstyrke otte, der en af de første dage gav mig en gevaldig kvalme, mens båden lå fortøjet i havnen, skal jeg ikke kunne sige, men det har muligvis været en kombination.

Endelig en morgen var både min mave og søen blevet så rolig, at vi kunne fiske. Vi roede et par hundrede meter ud og riggede til. Det grej, jeg havde lånt, bestod af en meget kort, tyk glasfiberstang med et gammelt bakelithjul af Nottinghamtypen. Hjulet var påspolet en nylonline, der sikkert har været 0,90 mm tyk, men skræmme torskene gjorde den i hvert fald ikke. Min onkel fik hurtigt lært mig teknikken: Ned med pirken, til den ramte bunden, så spinde et par omgange ind og så ellers op-ned i omkring en halv meter lange tag. Der var virkelig mange torsk, og det var hovedsageligt pæne fisk, der nok har vejet 2-3 kilo. Jeg havde aldrig før fanget en torsk, og det føltes kort fortalt som at være kommet i himlen. Når vi ramlede ind i en stime, gik det vildt for sig, og på et tidspunkt fik jeg hug på både pirk og ophænger. Det var to solide basser, og da fik jeg lært at "pumpe" fisk til overfladen. Ellers var det mig næsten umuligt at dreje så meget som en centimeter line ind på hjulet. Vi fangede dog ind imellem andet end torsk. Fjæsingernes grådighed fik jeg et klokkeklart bevis for, da et eksemplar i under pirkens længde huggede og havde hele trekrogen solidt forankret i munden. Den måtte lade livet, før jeg turde pille den af med en tang.

Hirsholm Fyr set fra sydsiden

Hele bådens besætning inklusive fire katte blev i disse dage bespist med torsk på alle tænkelige måder, men til sidst fik min tante torsk nok, og vi fik ordre på at smide dem ud igen. På det tidspunkt var både min onkel og mig nu også ved at være mætte på både den ene og den anden måde. Jeg tror, vi var ude fire gange i alt, og vi har sikkert hjembragt de første 50 kilo torsk. Min sidste erindring om turen er, at jeg igen blev en smule søsyg på vej til Sæby, men det hele havde unægtelig været en hel del kvalme værd. Sjovt nok har jeg aldrig siden været søsyg – ikke engang på ture til "Det Gule Rev", som ellers har taget modet fra nogle stykker i tidens løb.

Revanche ved Simested Å

Det har nok været en måneds tid senere, jeg genså Simested Å efter den lidt uheldige debut ved åen i foråret 1979. En af min fars kollegaer, Niels K., havde en svigerfar, som ejede et stykke jord ned til åen lige nedstrøms for Abildvad Bro. Vi blev således inviteret på gratis fiskeri, og vi blev lovet mange fisk på land. Det lød jo næsten for godt til at være sandt, og jeg var mildt sagt utålmodig, mens Niels K. fik snakket af med svigerfamilien og afleveret konen. Endelig stod vi dog ved broen. Umiddelbart opstrøms lå et dambrug, og så langt øjet rakte, var der ringende fisk i overfladen – et rent slaraffen- vand! Min far havde hug på fluen i første kast, og inden længe halede han fisk i land i en lind strøm. Både Niels K. og mig fik snart ormen i vandet, og vi fangede da også hurtigt fisk. Det var næsten udelukkende regnbueørreder, og de fleste var under 25 cm, men det var sjovt! Det var dog meget tydeligt, at fluen var ormen langt overlegen, og det ønske, jeg havde næret i flere år, forstærkedes yderligere. Selvom jeg havde mange "smuttere", gjorde det kvantum fisk, jeg ellers fik på land, tabene til at bære.

Det var en pragtfuld, solrig sensommerdag med varmeflimmer over engen og duften af modent korn i luften akkompagneret af fuglene og græshopperne og – med meget jævne mellemrum – plasket fra en ørred i åen. Jeg havde nået den alder, hvor også disse herligheder betød meget, og jeg følte det nærmest, som var jeg kommet i himlen. På et tidspunkt havde jeg bare sat mig stille ned for at nyde det hele, og samtidig betragtede jeg min fars aktiviteter med fluestangen. Det så jo egentlig meget nemt ud. Lidt efter kom han hen og satte sig, og jeg fik lov at forsøge mig med hans fluestang. Det var nu ikke helt så nemt, som det så ud til, men efter et par forsøg landede både flueline og forfang da nogenlunde udstrakt – og begge dele i åen. Og miraklet skete: En lille regnbueørred på omkring 15 cm kastede sig over fluen og krogede sig selv. Jeg halede den ind og holdt den triumferende op, så min far kunne beundre min første fluefangede fisk. "Det var flot!", råbte han, selvom han sikkert har siddet og smågrinet for sig selv over min mildt sagt ufærdige kastestil.

Simested Å ved Abildvad Bro

Niels K. havde oplyst, at vi også kunne prøve at fiske i bækken, der forsynede dambruget med vand, selvom det vistnok var en lille smule forbudt. Både min far og mig havde imidlertid været så optagede af at hale fisk i land i åen, at vi havde glemt alt om det. Da dagen gik på hæld, kom Niels K. retur fra et smut til bækken og viste os fangsten. Vi blev meget imponerede over en flot regnbueørred på godt 40 cm med knaldrøde sider og gællelåg samt en lidt mindre, men mindst ligeså flot bækørred. Det var de eneste fisk, han havde fanget i bækken, og de havde begge bidt på i et høl efter en lille bro tilsvarende mine favoritsteder i barndommens bæk. Jeg ærgrede mig lidt over, at jeg ikke var gået med, for de to fisk var betydeligt større end dem, som vi andre havde taget med hjem. Ærgrelsen fortog sig dog hurtigt, da vi gik tilbage langs kornmarken med den lavtstående sol i ryggen. Det var en af de dage, man aldrig glemmer!

Fluefisker

Det lå nu helt fast, at jeg måtte eje et sæt fluegrej. På biblioteket i Fjerritslev havde jeg lånt Paul Wellendorfs "Alle drenges fiskebog", og den gav mig for alvor blod på tanden. Jeg måtte også lære at binde fluer! Mine første fluer bandt jeg på ålekroge, hvor jeg havde bukket øjet nedad. Hvorfor øjet på vådfluer absolut skulle være nedadbøjet, anede jeg ikke, men alt skulle selvfølgelig være efter bogen. Min allerførste flue bestod af kattehår, der var limet på krogen med Karlssons Klister, og den holdt kun til et enkelt prøvekast. Så gik jeg på jagt i min mors syæsker og splittede en gammel hovedpude ad for at få hacklefjer. Endelig fik jeg overtalt familien til en tur til Aalborg Zoologiske Have, hvor jeg indsamlede en bunke fjer i alle størrelser og farver. Et hjemmelavet fluestik, en stoppenål i en korkprop og en gammel dåse lak fuldendte udrustningen, og i løbet af efteråret og vinteren fik jeg fyldt en cigarkasse med fluer, der trods alt lignede de rigtige en anelse. Det sværeste var fjervingerne, som altid så lidt misdannede ud, for jeg måtte bruge den samme fjer til både højre og venstre vinge, eftersom de fleste fugle i Aalborg Zoo desværre ikke var så samarbejdsvillige, at de tabte fjerene parvis.

Det lykkedes mig at få skrabet penge sammen til et stort og klodset Olympic fluehjul, der kostede 110 kroner, og hos en grejhandler i Aabybro fandt jeg en anden-sorterings synkeline til en 50'er. Så var sparegrisen desværre absolut tom, og indtil videre måtte jeg montere fluehjulet på min gamle 5 fods ABU Junior stang til mine kasteøvelser. Det gik, men særlig elegant blev det aldrig. En dag i vinteren 1982 kom min far hjem efter en tur til Aarhus. Med et hemmelighedsfuldt udtryk i ansigtet fortalte han, at han havde en lille ting til mig. Jeg var nær faldet død om, da han halede en fluestang frem! En 9 fods Daiwa glasfiberstang fuldendte mine drømme. De næste lange måneder gik med at kastetræne på en snedækket græsplæne, og da foråret endelig kom, følte jeg mig klar til at erobre hele verden med mit nye fluegrej.

Min debut med fluestangen fandt sted i marts 1982 ved Sønderup Å. Vandet var stadig koldt, og jeg blev snart træt af ørredernes manglende påskønnelse af mine fluer. Det lykkedes derimod min far at lande en regnbueørred på en rød Cardinalflue, jeg havde købt til ham til erstatning for en favoritflue, som jeg havde formøblet i en grødeklat, da jeg forsøgte mig som fluefisker i Bjørnsholm Å efteråret forinden. Det havde jeg indtil da haft meget dårlig samvittighed over. På det tidspunkt havde jeg ikke tilstrækkelig tiltro til mine egne frembringelser ved fluestikket til, at jeg ville belemre ham med sådan én. Et par år efter var der ligefrem kommet en lille forretning ud af mit fluebinderi, idet jeg også forsynede min far med fluer. Mod en nærmest symbolsk betaling, naturligvis!

Det gik langt bedre med fluen en god månedstid senere på en tur til Abildvad Bro. Jeg husker min første fisk på en af mine egne fluer, som var det i går. Jeg havde bundet en Coachman størrelse 8 på forfanget. I mangel af påfugleherl bestod kroppen af grøn tråd fra min mors syæske, og fjervingerne var, uanset hvordan jeg bar mig ad, pilskæve. Uden den store tiltro til forehavendet lavede jeg et par kast – ikke stort længere end åens bredde – hvorefter en 25 cm's regnbueørred kastede sig over misfosteret. Dybt overrasket og med en stærkt tiltagende følelse af triumf afkrogede jeg fisken. Fluen var ikke ligefrem blevet kønnere af bekendtskabet med ørredens tænder, men den blev ved at fange, indtil der til sidst kun var kroppen og halen tilbage. Så var det, som om interessen aftog, men da jeg bandt et nyt misfoster på, gentog seancen sig. Den dag opdagede jeg, at næsten alle mine kreationer kunne fange fisk – nogle selvfølgelig bedre end andre, men hovedproblemet var, at hver flue kun holdt til 2-3 fisk, og jeg fik således ret hurtigt tyndet kraftigt ud i bestanden – i min flueæske altså! Da dagen var forbi, og jeg havde landet de første 25 fisk på flue, var min selvtillid imidlertid ukrænkelig, og jeg besluttede mig for fremover at være mere grundig med tråd og lak.

Det har været sidst i maj, da turen atter gik til Abildvad Bro. Denne gang havde min far og mig selskab af en af min søsters (mange) ekskærester – en over to meter høj og gevaldig flink sønderjyde ved navn Uffe. Alt tegnede lovende, for himlen var skyfri, og det var varmt allerede fra morgenstunden – den første rigtige sommerdag. Det startede som sædvanlig med flere fisk på land på stykket lige efter broen. Så var det, som om gassen gik af ballonen – for mit vedkommende i hvert fald. Uffe fiskede med spinner og var også beskeden med sine fangster, hvorimod min far halede den ene fine regnbueørred op efter den anden. Det begyndte inden længe at gøre lidt ondt – var han virkelig så meget bedre end mig? Til sidst måtte jeg bide i det sure æble og spørge, hvilken flue han brugte. Hvad den hed, anede han ikke, men den var sådan lidt mørk i det. Jeg tog den nærmere i øjesyn og måtte konstatere, at jeg ikke havde noget i min flueæske, der umiddelbart lignede.

Desperationen var ved at melde sig, og jeg bed hovedet af al skam og bad min far om at udvælge en flue fra min æske. Efter et øjeblik pegede han på en flue, som jeg selv havde kreeret kort forinden. Vingen bestod af vingefjer fra en fasanhane, og kroppen var af bronzefarvet påfugleherl, som jeg havde "organiseret" fra en dekoration. Hertil sort hackle og en skriggul hale. På nær halen lignede den kort sagt adskillige andre fluemønstre, men min selvtillid var ikke tilstrækkelig til, at jeg turde tro på den. Nu blev den imidlertid bundet på forfanget, og den havde dårligt ramt vandet, før en pæn regnbueørred kastede sig over den. Mit humør blev pludselig ikke så lidt bedre, og min far tilbød generøst at rense fisken. Han var knap nok begyndt, før den næste regnbue hang på krogen. Nu var det pludselig mig, der havde fat i den lange ende, og jeg var pavestolt over, at min egen kreation i den grad kunne distancere de kendte fluemønstre. Fluen blev døbt "Solfluen", for selvom den var mørk, fungerede den klart bedst i solskinsvejr. Solfluen sidder stadig i min flueæske, selvom vingen nu om dage består af sort/brune egernhalehår – og den fanger stadig godt!

Det endte med at blive en af de dage, hvor man næsten får for mange fisk, men inden det skete, nåede jeg at blive alvorligt solskoldet på underarmene. Hvor slemt det var, opdagede jeg dog først ud på aftenen, og en sand rædselsnat fulgte. Siden den dag bærer jeg altid langærmet skjorte under fiskeri i selv den værste hede. Dagens samlede høst var 36 regnbueørreder – alle imellem 30 og 35 cm. Enkelte fanget først på dagen var "solmodnet" lidt rigeligt og blev kasseret. Og så fulgte ellers det helt store ædegilde! Min mor var vist ikke hjemme, så vi havde køkkenet for os selv. Vi havde kort tid forinden investeret i en lille røgeovn af ABU Rökan-typen. Den viste sig helt genial til ørreder, og Uffe og mig fråsede i det lækre kød, så fedtet løb ned af hagerne. Min far derimod, var det besindige krigsbarn, der manede til mådehold. Han spiste selv rugbrød med groft salt til og priste kombinationen i høje toner. Jeg ville selvfølgelig ikke gå glip af noget og prøvede et stykke. Det grove salt smagte underligt sødt, syntes jeg, og en nærmere undersøgelse viste, at min far i skyndingen havde grebet bøtten med perlesukker. Så sagde han ikke mere, og vi andre fik lov at fråse videre uden moralpræken. Til sidst måtte vi dog give op, så der blev også lidt til fryseren.

Grejfeber

Den 16. maj 1982 blev jeg konfirmeret. Det resulterede i en skattefri indtægt på over tusind kroner. En på det tidspunkt betragtelig sum, der brændte i lommen på mig, og få dage senere entrerede jeg med en betydningsfuld mine Therkildsen Sport i Aalborg. Jeg havde naturligvis planlagt det hele med største grundighed, og ethvert forslag fra ekspedienten blev affærdiget med en håndbevægelse. Da jeg efter flere timer forlod stedet, var jeg den lykkelige ejer af et rødt Ambassadeur 6500 med en tilhørende 10 fods Atlantic stang.

Et flere dage langt voldsomt udbrud af grejfeber fulgte, og instruktionen blev læst igen og igen, centrifugalbremsen blev finjusteret, og til sidst vovede jeg mig op på en afsidesliggende mark med en tilpas tung møtrik i enden af linen. Og jeg kunne kaste med det! Jeg fik aldrig overløb og en af de berygtede "fuglereder" i kastet. Til gengæld var det mig umuligt at kaste tilnærmelsesvis så langt som med mit Cardinal 160. Set i bakspejlet skulle jeg nok have holdt fingrene fra centrifugalbremsen. Men det var virkelig en nydelse at anvende hjulet. Kun én gang – cirka et år senere – fik jeg alvorligt linekludder, og det skete, da jeg under molefiskeri kom til at give tilslag med frikoblet spole! Jeg nød virkelig at føre mig frem med mit nye grej ved selv den mindste bæk. Et par år senere havde jeg dog indset, at det ikke lige var det udstyr, jeg havde behov for til mit fiskeri – og jeg solgte det! Mange år senere anskaffede jeg mig igen et Ambassadeur-hjul i forbindelse med en tur til Canada, men det blev heller ikke her den store succes og måtte snart se sig udkonkurreret til praktisk fiskeri af et solidt Penn "Slammer" fastspolehjul, som uden problemer har landet mig fisk på op til næsten 20 kilo.

Karup Å

Karup Å – alene navnet har i mange lystfiskeres ører en magisk klang. Nogle vil sikkert opfatte det som blasfemi, at mit første nærmere bekendtskab med åen i juli 1982 var – en kanotur! Men sådan var det. Efter lejrskolen sommeren forinden havde jeg fået overbevist familien om, at det var alletiders måde at holde sommerferie på. Det blev en mindeværdig tur! Den første dag kom der et så voldsomt skybrud, at vi måtte på land og vende kanoerne. Alt, hvad der ikke var indpakket i sorte plastiksække, blev gennemblødt. Der var dog noget positivt ved sagen. Min far og mig delte kano, og han havde i anledning af turen købt sig en kasse cigarer. Hele formiddagen havde han moret sig med at pulse løs uden den mindste medlidenhed med sin stakkels søn, der sad lige i slipstrømmen. Det var mig umuligt ikke at udvise en smule slet skjult skadefryd, da ondets rod nu var gået helt i opløsning og måtte kasseres.

Den første nat tilbragte vi ved Vallerbæk, hvor bondemanden solgte fiskekort. Det blev til en del regnbueørreder på fluen, men ingen mindeværdige. Anden dag passerede vi Karup og opdagede, at ikke alle lystfiskere er lige tolerante overfor kanofarere, selvom vi altid pænt tog pagajerne op, når vi passerede. Efter en del ukvemsord begyndte min mor og søster at undskylde, hver gang vi passerede nogen med snøren ude. Mange tog det dog også helt pænt. En mindeværdig bemærkning fra den dag var: "Det gør sgu' ikke noget, så pænt som I sejler. Det er værre med dem, der burde have haft en balje!".

Anden dag blev teltet slået op på en eng ved Vormstrup. På det tidspunkt var der ingen regler om, at campering skulle foregå på i forvejen anviste pladser, noget der snart blev helt nødvendigt med det stigende antal kanofarere. Før jeg bliver lynchet, må jeg hellere skynde mig at pointere, at jeg har stor forståelse for nødvendigheden af de reguleringer af kanofarten, der er foretaget siden dengang. Ikke desto mindre nyder jeg den dag i dag den nære kontakt med naturen på en kanotur, og tilsvarende kan passage af et par kanoer i ny og næ, når jeg fisker, altså stadig ikke hidse mig op. Naturligvis under den forudsætning, *at folk sejler ordentligt!*

Alt var naturligvis planlagt således, at der kunne købes fiskekort på de steder, hvor vi gjorde holdt, så den aften fiskede jeg for første gang på et af de klassiske stræk ved Karup Å. Resultatet var til at overse – en bækørred på 20 cm tog fluen og blev selvfølgelig nænsomt genudsat. Jeg havde efterhånden lært noget af at læse bunker af fiskebøger. Men hvor var det skønt at gå der. Det var helt vindstille, så mine kast med fluestangen fungerede nogenlunde, selvom jeg kun lige akkurat kunne kaste til modsatte bred. Solen hang lavt, og skyggerne blev lange, efterhånden som jeg stille og roligt arbejdede mig nedstrøms. Fuglenes kvidren tog til i skumringen, og duggen faldt med den særlige duft, som man kun kan opleve på lune sommeraftener.

Det blev næsten mørkt, og vi var egentlig på vej op mod teltet, da min far lige skulle prøve et par sidste kast med min fluestang. Jeg havde nemlig en Godnat-streamer bundet efter Wellendorfs originale opskrift på forfanget, og det måtte jo lige være sagen. Den var både vind og skæv og bundet på en gammel sort, langskaftet ålekrog, så min egen tiltro til den var begrænset. Efter få kast nåede streameren til en pæl, der stod i åen ved egen bred, og så skete der lige pludselig en hel masse. Min far strammede hårdt op, og en 3-4 kilos havørred væltede rundt i overfladen. Ingen af os havde på det tidspunkt erfaringer med at håndtere ørreder af den kaliber, og han holdt den alt for hårdt, mens jeg stod ved brinken og fægtede med mit billige teleskop-fangstnet, hver gang den nærmede sig. Det måtte selvfølgelig gå galt, og pludselig kom streameren op af vandet uden fisk. Af hensyn til nogle tilskuere på modsatte bred tog min far det først iskoldt og roligt, men så snart vi var udenfor hørevidde, faldt eder og forbandelser i en lind strøm under hjemturen over den dugvåde eng.

49

Så let gav vi selvfølgelig ikke op – specielt ikke når vi kunne være så tæt på allerede første gang. Vi var ved Karup Å igen sidst i marts 1983. Det var nu en kold fornøjelse – faktisk var det slet ingen fornøjelse. Jeg fik dog afprøvet en ny fluestang, en 9½ fods ABU Citation, der kastede noget længere end min Daiwa. En smule akavet blev det imidlertid, for jeg havde skinne på min højre pegefinger. Hvordan jeg var kommet galt afsted, har jeg heldigvis glemt. Turen husker jeg heller ikke meget om, udover at vi frøs og ingenting fangede. En enkelt ting står dog klart i min erindring: Vi boede for første gang på Hagebro Kro. De sortmalede, udskårne krydsfinerfisk på vægge og trappe i entreen satte gang i fantasien, og vi blev begge uhjælpeligt Hagebrofile. Trist nok har kroen i de senere år haft en omtumlet tilværelse og i flere perioder været lukket, men dengang spiste vi der næsten hver aften, når vi fiskede ved Karup Å.

Karup Å

50

Den følgende sommer bød på en kanotur på Gudenåen, men sidst i september ankom vi atter til Hagebro. Denne gang skulle forholdene, efter hvad vi havde kunnet læse os til, være perfekte, for det havde blæst en halv pelikan fra nordvest og pisregnet i flere dage. Vi mødte også en lokal legende, nu afdøde Herbert Hviid, hos købmanden i Hagebro. Når han var ved åen, kunne det ikke være helt skævt. Igen fiskede vi på dagkortstykket nedstrøms Hagebro. Den første dag skete der ikke noget særligt, men fluekastene begyndte så småt at fungere for mig. På andendagen – det var den 24. september – var vi tidligt ude. Det havde frosset om natten, og det knasede under gummistøvlerne, da vi begav os ud i engen. Vi havde ikke anset det for nødvendigt at medbringe hue og vanter, og morgenfiskeriet blev en kold omgang. Omkring middag lettede morgentågen, og det hele blev lidt mere behageligt. Mit håndled værkede efterhånden af de mange fluekast, hvorfor jeg riggede spinnestangen til med orm og landede et par små bækørreder. Ikke lige det, jeg havde drømt om, men dog med til at skærpe entusiasme og opmærksomhed.

Vi spiste tidlig aftensmad på Hagebro Kro og begav os således styrkede atter ud i engen for at fiske med flue de sidste par timer inden solnedgang. Jeg ville afprøve en ny variation af Godnat-streameren med sølvmylarkrop og kraftig vinge af hvide hundehår (leveret af vores collie) samt selvlysende øjne. Mit håndled var kommet sig efter nogle timers hvile, og da det samtidig var blæst op fra vest, og jeg havde vinden i ryggen, begyndte kastene virkelig at fungere. Omkring klokken 19.30, da mørket var begyndt at falde på, nåede jeg "Alknuden". Jeg havde på det tidspunkt for længst mistet tiltroen til forehavendet og gik og drømte vilde drømme om en havørred, der ville vinde mig ABUs "drømmerejse", mens jeg koncentrerede mig om at kaste langt med den størst mulige præcision. Efter et særligt vellykket kast stoppede fluen pludselig ude midt i åen. Jeg formodede, at der var tale om bundbid, og rykkede kontra. Resultatet lod ikke vente på sig. En stor havørred på den gode side af de 5 kilo piskede et øjeblik vandet til skum i overfladen. Jeg nåede lige at råbe højt på min far, inden det gik op for mig, at fisken var væk, og min verden faldt ligeså stille sammen om ørerne på mig. I skuffelse og frustration kylede jeg fiskestangen fra mig i græsset. Da jeg var kølet lidt ned og mine knæ holdt op med at ryste ukontrolleret, viste det sig, at streameren også var væk. Det var nok lidt for ambitiøst at fiske store havørreder med en 0,30 mm forfangsspids, der sikkert har haft adskillige "vindknuder", måtte jeg bittert erkende. På hjemturen samme aften bevilgede min far mig en stor Hancock øl til at dulme de flossede nerver. Resultatet blev, at jeg var ved at drive ham til vanvid med min uafbrudte snak om monsteret, der blev større og større, efterhånden som flasken tømtes. Med årene blev Hancock Bryggeriernes gode øl synonymt med Karup Å.

I det lange løb kunne et par mindre tilbageslag imidlertid ikke dæmpe vores appetit på Karup Å's havørreder, og på dagen efter premieren, den 2. marts 1984, var vi atter ved Hagebro. Det var koldt, men rimeligt klart, og vi tilbragte den første dag med resultatløst fluefiskeri. Vi havde dog overværet fangsten af en mindre havørred på orm lige før "Alknuden", og ved aftensmaden lagde vi en ny strategi for den følgende dag. Vi ville simpelthen spadsere hele vejen fra Hagebro til Vridsted Bro med hver vores drivende prop og en god klase regnorm på krogen. Det *måtte* da give bonus på et eller andet tidspunkt. Som sagt så gjort – endnu før det var blevet lyst, startede vi ved broen for at være før alle andre. Det har vel været omkring middag, da min prop pludselig forsvandt tæt på en stor grødeklat. Det havde den gjort mange gange før, fordi krogen hang fast i grøden, men denne gang var der liv i enden, da jeg strammede op. Stort ståhej, fisken var rimeligt pæn – enten en farvet havørred eller en bækørred på mindst et kilo, kunne jeg konstatere, da den viste sig i overfladen. Min far havde dog næppe fået gjort fangstnettet klart, før fisken stod af. Jeg begyndte efterhånden at tvivle på, om det nogensinde ville lykkes mig at lande en havørred i Karup Å, og resten af turen til Vridsted forløb uden resultat. En god spadseretur langs snedækkede veje, hvor vi havde masser af tid til at fundere over tilværelsens fortrædeligheder, fulgte.

Først året efter fik jeg en form for revanche. Det var igen først i marts, og sidste dag på vores premieretur blev tilbragt på stykket omkring Dueholm. Jeg havde atter orm på og stod og kastede i "Holmegårds Store Høl". Det var blæst op og begyndt at sne, og jeg var så småt ved at glæde mig til hjemturen samme eftermiddag, da der pludselig var bid. Denne fisk fik jeg selv på land, da der ikke var meget spræl i den. Det var en havørred – endelig! Men på dette tidspunkt var det dog ikke længere min første. Lidt optimistisk kunne den lige snige sig op på de 40 cm, og jeg kunne sejrsstolt præsentere min far for vores første Karup Å havørred. Måske ikke lige den størrelse jeg havde drømt om, men turen var reddet.

Vi var sikre på, at den store havørred ville hugge næste gang – og det blev vi ved med at være i flere år, indtil vi sidst i 80'erne opgav at fiske på dagkortstykket nedstrøms Hagebro, da der var lidt for mange fiskere, og lidt for mange af disse uden begreb om god lystfiskeretik. Først i 90'erne fik vi adgang til Sønder Resen Konsortiets stykke, og her fik vi hul på bylden, men det er en anden historie. Det bliver aldrig nogen let sag at fange havørreder i Karup Å, men åen har ganske enkelt en dragende magt, og allerede i sommeren 1982 var vi – uden at vide det – redningsløst fortabte.

Den første store bækørred

Da foråret for alvor kom i april 1984, var det på tide at udforske nye vande. Vi havde besluttet at starte en weekendtur ved Råsted Lilleå, hvor vi havde fået anbefalet et privat stræk, som skulle holde både stallinger og store bækørreder, og midt på formiddagen en lørdag midt i april kørte vi rundt på den forblæste egn og forsøgte at finde det rette sted. Ved 9-tiden var vi ganske sikre, og min far gik ind og bankede på. En olmt udseende herre i morgenkåbe stod kort efter i døren. Han solgte absolut ikke fiskekort – og slet ikke om morgenen – slut! Det gik heldigvis bedre i andet forsøg, og kort efter kunne vi fiske på et herligt stræk. Det eneste problem var, at både stallingerne og de store bækørreder aldeles udeblev. Til gengæld var der masser af små regnbueørreder, for der lå et dambrug umiddelbart opstrøms, men det var jo ikke lige det, vi var kørt så langt efter.

Næste morgen drog vi derfor til Haderis Å i stedet. Vi havde passeret åen ved broen tæt på udløbet i Karup Å mange gange og længe haft et godt øje til den. Faktisk havde vi året forinden lavet en lille smule lidt forbudt fiskeri i åen. Det allernederste stykke var forbeholdt medlemmerne af Skive Lystfiskerforening, men vi mente, at vi efter at have betalt dagkort til Karup Å, også burde have lov til at fiske der og havde opdaget, at der var ganske pæne fisk. På et tidspunkt under affiskningen blev vi overhalet af et par ungersvende, som anvendte blink i geddeformat og bestemt ikke bekymrede sig om det der med at holde afstand til andre fiskere. Faktisk vadede en af dem direkte ind foran mig, hvorefter blinket landede i det høl, som jeg netop skulle til at affiske, med et ordentligt plask. Vi blev voldsomt irriterede, og min far henvendte sig til den nærmeste – "Du der, er du medlem af Skive Lystfiskerforening?", svaret var "nej, men jeg har et fiskekort, som vi har købt!".

Ungersvenden blev herefter belært om, at fiskekortet kun gjaldt i selve Karup Å. Så slap vi af med dem, men vi fangede alligevel ikke noget særligt på det sidste stykke inden udløbet i Karup Å – måske var det fiskegudernes straf?

Denne gang skulle alt dog være efter bogen, og vi løste dagkort til Aulum-Haderup foreningens stykke ved Haderis Å. Det var endnu et dejligt stræk, og igen vrimlede der med små regnbueørreder. Vi fiskede dog trøstigt videre, idet vi satsede på, at de store bækørreder ville begynde at røre på sig efter mørkets frembrud. Frem til 1984 havde vi sjældent fanget en ørred over pundet, men vi havde heller aldrig rigtig dyrket fiskeriet imellem solnedgang og solopgang. Det fremgik af adskillige fiskebøger, at dette var en stor fejltagelse, og som de seriøse lystfiskere vi var blevet, måtte den teori selvfølgelig efterprøves i praksis.

Det var ved at blive mørkt, da jeg fiskede nedover et lige stræk, der endte med en grødebræmme ved indgangen til det følgende sving. Jeg havde bundet en brun flue med hvid hårvinge – egen kreation, igen med vingemateriale fra vores nu efterhånden pletskaldede collie – på forfanget. Denne flue havde vist sig særlig effektiv på gråvejrsdage, og den var derfor blevet døbt "Regnfluen". Især havde den fanget godt, efter solen var gået ned. Nu var åen imidlertid blevet stille, og nattens lyde var ved at tage over. Jeg havde lige mødt en af de lokale fiskeribetjente, men min samvittighed var jo ren som nyfalden sne, og efter et "knæk og bræk!" var han sammen med sin pige, der ikke fiskede, fortsat til et sving længere nedstrøms. Pludselig blev stangen næsten revet ud af hånden på mig! Jeg gav tilslag, og en god fisk væltede rundt i overfladen, hvorefter den forsvandt nedstrøms, så knarren på mit lille Ryobi fluehjul sang. Med hjertet oppe i halsen fik jeg hidkaldt min far. Jeg har sikkert lydt som om, jeg var ved at drukne, for lidt efter kom både kontrollør og pige også spurtende. Et øjeblik efter var der hele to fangstnet i vandet, og da fisken tilsyneladende havde fyret det meste krudt af i det første lange udløb, gik der ikke lang tid, før kontrolløren nettede fisken for mig og straks efter gokkede den. Hvilken fisk! En bækørred på hele 47 cm, og hidtil havde min drømmegrænse været 40 cm! Det var en lidt slank aprilørred, der kun vejede et kilo, men jeg kunne jo i hvert fald hævde at have hjemtaget den med billigelse fra de lokale autoriteter. Jeg dansede nærmest hen ad engen på vej op til bilen, og vel hjemme på vort logi måtte jeg ud at beundre fangsten adskillige gange inden sengetid.

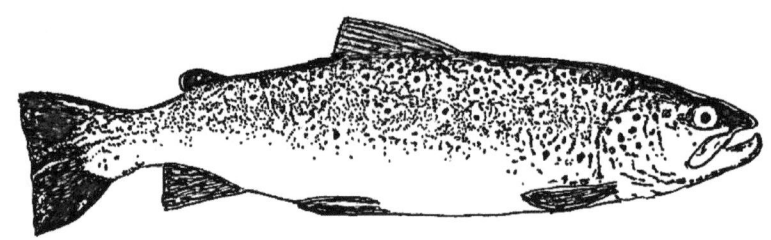

Stallingdrømme

Stallingen stod for både min far og mig som en lidt eksotisk ørredfisk, som vi absolut måtte prøve at fange. Vi havde med megen omhu planlagt en seriøs todages tur til Skjern Å systemet, og en uge efter fredningens ophør i maj drog vi forventningsfulde afsted. Vi startede med at fiske i Skjern Å på stykket ved Sønder Felding – et klassisk laksestræk, og selvom de største jo nok var trukket op, ville en mindre sag da også være en velkommen tillægsgevinst. Dengang var der stort set ingen laks i Skjern Å, og vi så selvfølgelig ikke skyggen af laks, men åen var som forventet. Mægtig og bred og med stærk strøm.

Det gik ikke så godt for mig med fluen. Selv med min 9½ fods Citation var det mig umuligt at kaste til modsatte bred, og under alle omstændigheder var strømmen så stærk, at min sink-tip line slet ikke kunne få fluen ned. Selv en blybelastet flue skøjtede afsted i overfladen med en mægtig linebue efter sig. Gode råd var dyre. Fluefiskes skulle der pinedød, for stallinger kunne ikke fanges på spin. Efter at have overvejet sagen en stund besluttede jeg at koncentrere mig om at fiske ved egen bred. Det gik langt bedre. Jeg fangede blot ikke noget. Endelig, kort før vi havde aftalt at mødes, var der noget, der rykkede svagt i linen. Op kom den mindste stalling, jeg har fanget – vel en 10-15 cm lang. Men det var min første, og min far havde ikke fanget noget, så den reddede dagen.

Vi havde aftalt logi et sted i Skjern, men da vi nåede frem, viste det sig, at værten kun havde et enkeltværelse med én seng ledigt. Vi måtte således ligge med hovedet i hver sin ende. Da jeg tilmed havde fået ondt i maven i løbet af aftenen, fulgte en rendyrket rædselsnat. Min far snorkede, og jeg lå og krummede mig sammen for så vidt muligt at dæmpe mavesmerterne. Næste morgen hang mine øjne helt nede på kinderne, men vi fandt et apotek og et medikament, der i det mindste kunne hjælpe på min mave. Vi havde ikke lyst til at opfølge den yderst begrænsede succes i Skjern Å, men efter en rådslagning kom vi i tanke om, at vi på et tidspunkt havde fået anbefalet tilløbet Rind-Høgild Å som et godt stallingvand, der tillige holdt store bækørreder. Altså drog vi til Herning og erhvervede to dagkort.

Vi udvalgte en strækning og kunne vel fremme konstatere, at det så lovende ud. Parkeringen foregik i en dejlig vårgrøn skov, og turen ned til åen var en oplevelse. Åen var også pæn – omkring 4-5 meter bred og vekslende imellem hurtige strømrender og dybe, roligere partier. Vandet var dog en smule okkerfarvet, og der var rødbrune belægninger på randgrøden. Min far gik nedstrøms og jeg opstrøms, hvor jeg gik til sagen med stor entusiasme – okker eller ej. Det lykkedes også inden længe at fange en bækørred på knap pundet, og da jeg var blevet sulten, hentede jeg den medbragte røgeovn oppe i bilen. Fisken blev tilberedt ved åbredden, og skindet faldt næsten fra kødet af sig selv, mums! Mens jeg sad og smovsede, dukkede min far op. Han havde fanget to fine bækørreder, heraf en på omkring kiloet, kunne han stolt fortælle. Den var også rigtig flot, men meget sølvblank. Vi tænkte ikke på, at det kunne være en havørred. Det var jo ikke lige hverken stedet eller årstiden, men efter siden at have studeret fotos er vi ikke i tvivl.

Vi var begge hurtigt i gang med fiskeriet igen, og kort efter kunne min far atter brillere med en bækørred – og denne gang var der ingen tvivl – på 850 gram, en rigtig flot fisk. Snart efter landede han endnu en fisk på pundet og mistede derefter en i samme størrelse. Jeg begyndte at føle mig en smule snydt. Jeg bandt en Wickhams Fancy størrelse 12 på forfanget, ligesom min far, og begyndte at fiske nedover et lige stykke med et stort høl omtrent midtvejs. I høllet mærkede jeg et slag på fluen, strammede op, og der var fast fisk – endelig! Pokker tog fuldstændig ved ørreden, og den lagde ud med et udløb helt ned til næste sving, så knarren på fluehjulet sang. Mine knæ blev pludselig til gelé – det her måtte være den store! Når jeg spandt line ind på hjulet, fulgte fisken nogenlunde godvilligt med, men den ene gang efter den anden flåede den pludselig igen line af hjulet. Et kvarters tovtrækkeri senere var den endelig kørt træt, og min far kunne nette den. I forhold til mine forventninger var det en kæmpe skuffelse: En fed bækørred på 38 cm, der var kroget i bugfinnen! Det blev dagens sidste fisk, men vi kunne godt være mere end tilfredse. Specielt min far, der udover at hovere over sine to store fisk kaldte mig "rykfisker"! Stallinger så vi intet til den dag.

Året efter gennemfiskede vi præcis samme strækning på omtrent samme årstid – igen en majdag, hvor der dog var overskyet. Her fangede vi indtil flere pæne stallinger på en hvid palmer-flue, men ingen bækørreder. Lystfiskeri kan være noget underligt noget! Desværre blev fiskeriet på strækningen kort efter forbeholdt medlemmer af Herning foreningen. Grunden kunne vi godt indse, men pisseærgerligt for os, det var det!

Nørlev Sø

I efteråret 1982 flyttede vi til Hjørring, og i 8.B var jeg kommet til at gå i klasse med Ole. Han var på det tidspunkt en meget lille spirrevip, men vi kunne grine af de samme ting og havde det sjovt sammen. Vi havde en fælles kammerat, Michael, der ligesom mig var lystfisker, og vi var allerede begyndt at fiske sammen i december 1982. Ole lå nu under for et stærkt gruppepres, og i løbet af 1984 skulle det lykkes mig at få ham gjort til en hæderlig lystfisker. Det holdt desværre kun i et par år, da der efter den tid kun eksisterede én ting i Oles verden – piger! Jeg var ikke selv uinteresseret i den side af tilværelsen, men på en eller anden måde lykkedes det mig altid at få tid til at fiske. Michael havde fortalt mig om en sø, Nørlev Sø, der lå 5 km nordvest for Hjørring, hvor der var mange gedder. Jeg havde ikke selv fisket efter gedder i lange tider og havde indtil da kun fanget den ene gnalling i Vilsbæksminde Kanal flere år tidligere. Jeg var straks interesseret, og en dag sidst i maj cyklede vi derud. Michael kendte gårdmanden, der havde et lidt hidsigt gemyt, og han ville kun have en fast skare af fiskere ved sin sø – ingen nye havde adgang. Jeg holdt mig derfor på respektfuld afstand, og da Michael blev spurgt, om vi havde været der før, svarede han ja. En halv sandhed altså, men bedre end ingen sandhed, og efter min mening i en god sags tjeneste. Straks efter begav vi os ned ad markvejen – mig stadig med kasketten godt nede i panden.

Det var virkelig en dejlig lille sø. Hesteskoformet og 2,5 hektarer stor. Jeg havde på dette tidspunkt samlet mig en pæn kasse geddeagn og lavet forfang af 0,60 mm nylonline, som – havde jeg læst – selv store gedders tandsæt ikke skulle kunne bide over. Den teori måtte jeg til min store fortrydelse ved en senere lejlighed tage op til kritisk revision, men det lå endnu et par år ude i fremtiden. Jeg indså hurtigt, at et par waders ville være en stor fordel, da der langs det meste af søen var en bred grødebræmme. Der lå ganske vist en båd, men at bruge den var permanent bortvisningsgrund, fik jeg at vide. Michael havde heller ingen waders, og vi måtte derfor koncentrere fiskeriet, der hvor gummistøvlerne rakte. Vi fiskede ivrigt i flere timer, men jeg fangede ikke andet end miniputaborrer på min spinner. Michael fik på et tidspunkt hug på en 28 gram blå/sort Flamingo-wobler, men gedden sprang af efter få sekunder.

Vi havde lovet bondemanden at forlade stedet inden mørkets frembrud, og det var så småt ved at skumre, da gedderne for alvor begyndte at plaske i overfladen. Jeg spottede en indenfor kastevidde. Den havde vist sig på et stykke frit vand omkranset af grøde. Jeg havde nu en Mørrums-spinner på – ikke lige den ideelle agn i et lavvandet grødeområde – men den blev alligevel sendt derover og landede perfekt i kanten af det frie vand. Jeg var næppe begyndt at rulle ind på mit trofaste Cardinal 160, før gedden huggede. Megen ståhej gjorde den nu ikke af sig, og jeg fik lært en ny landingsmetode, der fungerer glimrende til mindre gedder: Gummistøvlen ind under den og så på land med et godt spark. Ikke så smart, selvfølgelig, hvis gedden skal genudsættes, men det skulle den ikke. Bondemanden var rasende på gedderne, der åd hans ællinger, og at genudsætte dem var bortvisningsgrund. Heldigvis fangede jeg sjældent en under mindstemålet, og min onkel, der boede lige i nærheden, havde en flok ikke alt for velnærede katte, som meget hurtigt lærte at sætte pris på kogt gedde. Det endda i en sådan grad at de året efter havde lært at kende lyden af min Puch Maxi på lang afstand, og så var der næsten altid serveret. Geddernes størrelse lå meget stabilt imellem 1 og 2 kilo. Enkelte var dog langt større, og min fætter havde år forinden landet et mosbegroet monster på 7 kilo i søen. Den gedde, jeg fangede den første aften ved søen, vejede kun 1,25 kilo, men det var dagens eneste på land og tilmed langt over min hidtidige personlige rekord, noget som jeg vist glemte at fortælle Michael.

Jeg fiskede flere gange gedder i Nørlev Sø indenfor de næste par år. Den store fik jeg aldrig – den største lå omkring 2 kilo, og en enkelt større, der huggede på en Toby Salmo, mistede jeg under fighten. Ole blev selvfølgelig også lokket med derud. På vores første tur sidst i juni samme sommer skulle vi – efter behørig aftale med bondemanden – tilbringe en hel nat ved søen, hvor vi ville mede ål.

Denne gang var det Ole, der under min samtale med bondemanden holdt sig diskret i baggrunden med kasketten godt nede i panden. Indtil det blev mørkt, var det imidlertid gedderne, der skulle stå for skud. Vi fangede ingen gedder den aften, men på et tidspunkt fulgte en pæn gedde efter Oles blink helt ind til stangspidsen, og han gav et vræl fra sig. Gedden blev sikkert ligeså forskrækket som mig, og den så han selvfølgelig ikke mere til. Jeg lærte ham fidusen med et spinstop fulgt af hurtig indspinning, men om han nogensinde fik lejlighed til at afprøve den, er jeg ikke helt klar over. I løbet af natten landede jeg først en miniputskalle og senere en pæn ål på 650 gram. Det var lige nøjagtig nok til en ny personlig rekord, men ålen viste sig at smage forfærdeligt af mudder, og det blev den eneste gang, jeg fiskede ål i Nørlev Sø.

Et par år efter i maj havde jeg en anden gymnasiekammerat med. Jens var en nobel lægesøn, der først og fremmest fiskede, fordi det var sundt, og ikke brød sig meget om at røre hverken fisk eller orm. Han var også en af de mest uheldige fiskere, jeg har mødt. Måske var det i virkeligheden hans inderste ønske, der her kom til udtryk. Jeg havde gjort den erfaring, at medefiskeri med prop og en død skalle eller aborre som agn var dødbringende for gedderne og langt nemmere at praktisere end spin langs de brede grødebræmmer, der nogle steder bestod af åkander. Her holdt de fleste gedder til, men åkanderne var et dyrt bekendtskab, når man fiskede med kunstagn fra bredden, og der var for dybt til, at man selv iført waders kunne komme ret langt ud. Jens blev posteret ved "stedet", der var den forreste ende af den hesteskoformede sø. Netop her voksede der en bred bræmme af åkander. Jeg smed agnen ud for ham og gik et stykke væk, hvor spinnefiskeri lod sig gøre. Næppe havde jeg fået snøren i vandet, før hans prop begyndte at drive meget hurtigt udad. Jeg råbte til Jens, at han skulle vente et halvt minut og så stramme op og give tilslag. Det gjorde han så, men ingen gedde fulgte med op. Det samme gentog sig anden gang. Så bad jeg ham vente, til fisken stoppede op og så yderligere et halvt minut. Det gjorde han så tredje, fjerde og femte gang, men hver gang med det samme resultat. Så ville jeg prøve. Jeg gjorde præcis det samme som ham og fangede en 1,5 kilos gedde i første forsøg. Lystfiskeri kan nogle gange være bunduretfærdigt!

Nørlev Sø

Den første havørred

Nogle dage før min 16-års fødselsdag den 15. juni 1984 var min far og mig for første gang ved Trend Å. Efter at have erhvervet to fiskekort på Trend Kro kørte vi til broen nær Hyllebjerg, hvor vi havde tænkt os at starte dagens fiskeri. Spændende så åen jo ikke ligefrem ud, som den dovent løb afsted i det flade landskab nedstrøms broen, men da dette stykke ikke var reguleret, hvad langt størsteparten af åens nedre løb ellers er, fandt vi, at dette måtte være stedet, hvor vi for første gang skulle udfordre åens bækørreder. Efter at have drøftet tingenes tilstand over en enkelt pilsner gik vi i gang med at pakke grejet ud. Dagens første chok meldte sig, da min far opdagede, at han havde glemt sit fluehjul. For at gøre det hele endnu værre, havde vi kun fluegrej med. Det viste sig dog alligevel ikke at være vores største problem, for da vi så nærmere på åen, opdagede vi, at vandet flød med båndblade fra en grødeskæring højere oppe ad åen. Blot flød disse ikke som normalt i store klumper på overfladen, men i små klumper og enkeltvis fra overflade til bund i hele åens bredde. Fluefiskeri viste sig aldeles umuligt, og efter en halv times tid, hvor de 25 minutter var gået med at plukke "søgræs" af krogen, gjorde jeg min "gamle" selskab oppe i bilen. Godt ærgerlige satte vi kursen hjemad.

Knap en måned senere – den 9. juli – var vi ved åen for anden gang. Denne gang var bilen spækket med flue-, spinne- og medegrej, og vi var for længst kommet os over den lidt uheldige debut. Fulde af optimisme og fiskeiver kørte vi ud på broen blot for at konstatere, at åen flød med grødeklatter i en sådan grad, at kun grødens lysere farve adskilte åen fra de omkringliggende græsmarker. Adskillige gloser, der næppe ville være egnede til søndagsskolebrug, faldt over vandløbsvedligeholdelse i almindelighed og grødeskæring i særdeleshed, mens vi kørte til Lerkenfeld Gods, hvor vi resten af dagen muntrede os med de myriader af regnbueørreder, som dengang altid fandtes omkring dambruget.

Tredje gang er lykkens gang, siger et gammelt mundheld. Om det er sandt, skal være usagt, men i dette her tilfælde holdt det i hvert fald stik. Den 19. juli var vi på vej hjem fra endnu en mislykket havørredtur til Karup Å. Forventningerne hertil havde ellers været store efter oplevelserne i efteråret 1983, men faktum var, at jeg efter at have fisket i hundredvis af timer end ikke havde præsteret at lande en undermåls-havørred. Denne fiskeart syntes forhekset for mig, og jeg var efterhånden godt frustreret. Dog ikke mere end at jeg var helt med på ideen, da min far foreslog, at vi tog et par timers aftenfiskeri ved Trend Å, hvis det da ellers var muligt at fiske der.

Vel fremme ved åen studerede vi – belært af tidligere erfaringer – åen nøje og kunne konstatere, at grøden på bunden var barberet ned til få centimeters længde, men vandet var klart og helt grødefrit. Vi riggede hurtigt fluestængerne til og startede fiskeriet nedstrøms broen. Som altid, når vi er ved en å for første gang (eller her tredje gang), var vi meget grundige i vores affiskning og gav selv de mest kedeligt udseende og lavvandede stykker en chance. Den første fisk huggede bag den anden af "de tre øer" og spurtede straks opstrøms – selvfølgelig langs den modsatte bred. Efter en større akrobatisk opvisning lykkedes det mig at få svinget linen hen over øen, hvorefter jeg kunne lande en kæmpemæssig grødeklat. Fisken – en bækørred omkring mindstemålet – viste sig ved nærmere eftersyn ikke at være inkluderet i massen af båndblade. Efter at have skiftet min Red Tag størrelse 10 ud med en Godnat-streamer størrelse 8 fortsatte jeg min vandring nedstrøms.

Aftenen var lun, og der var mange ringende fisk. Efter min vurdering bækørreder på 10-25 cm der tydeligvis ikke lod sig afskrække af den store flue. Jeg havde landet fire af slagsen, da jeg kom til et dybt sving med kraftig sivvækst ved modsatte bred. Min flue landede få centimeter fra sivkanten, og straks viste der sig en bølge i overfladen fulgt af et stød i linen. Overraskelsen fik mig til at reagere for hurtigt, og jeg opnåede kun at rifte fisken, der væltede rundt en gang i overfladen og var væk. En fin fisk på omkring den halve meter. Godt ærgerlig og en smule rystet fortsatte jeg hen mod det næste sving, der imod forventning var lavvandet i min side og trods den nylige grødeskæring var tæt bevokset med pindsvineknop. Jeg opgav straks at gennemfiske den tætte grødemasse og satte kursen imod det tiltalende dybe og lige stykke, der fulgte efter, da en fisk ringede ved den modsatte bred i svinget udfor en kraftig busk. Nærmest for sjov sendte jeg fluen opstrøms, og den landede en halv meter ovenfor stedet, hvor fisken havde vist sig. Intet skete, men netop da jeg ville trække fluen ud af vandet til et nyt kast, faldt hugget, og fisken væltede rundt i overfladen, hvorefter den satte kursen opstrøms og ind under busken. Jeg kom hurtigt til mig selv, og pressede fisken så meget jeg turde for at få den ud i hovedstrømmen igen. Den fulgte nogenlunde godvilligt med, men stak i stedet ind under det tætte tæppe af båndblade nær min egen bred, hvor den fór frem og tilbage. Jeg spandt så meget line ind, at kun cirka en meter flueline plus forfang var udenfor topøjet, hvorefter jeg på linens bevægelser kunne bedømme, hvor fisken befandt sig. Efter med hjertet oppe i halsen at have bakset med det fangstnet, som jeg havde købt for 50 kroner i Daells Varehus, fik jeg slået det ud og brugte det til at skovle grøden væk med. Fisken fik jeg manøvreret ud i det frie vand, jeg dermed skabte, og efter en del tovtrækkeri fik jeg den bakset over netkanten sammen med en stor klat grøde, hvorefter hele herligheden blev trukket langt op på land. Da jeg omsider havde fået pakket fisken ud af grødeklatten, gik det op for mig, at jeg sad ved bredden af Trend Å med min første havørred! Bruset af glæde var ubeskriveligt, da jeg målte den til 46 cm – altså pænt over mindstemålet – og vejede den til 1,1 kilo.

Jeg styrtede opstrøms med fisken i netposen og var ved at falde mindst en halv snes gange, før jeg fandt min far. Mit ansigtsudtryk må have talt sit tydelige sprog, for han spurgte med det samme: "Har du fanget en stor fisk?". Jeg holdt triumferende fangstnettet op foran ham, hvorpå han udbrød: "Hva' fa'en – det er jo en havørred!".

Trend Å

Mørket var faldet på, og vi satte snart efter kursen nordover, men jeg var sikker på, at jeg havde mange gode oplevelser i vente ved Trend Å. Måske ikke overraskende gik der ikke mange dage, før jeg atter befandt mig ved Hyllebjerg. Her gentog jeg succesen med en sølvblank torpedo på 1 kilo og kun 43 cm, men få dage efter begyndte jeg på gymnasiet, og der gik næsten et år, før jeg genså Trend Å.

Hjørring-foreningens fiskevande

Den 1. juli 1984 blev jeg medlem af Sportsfiskerforeningen for Hjørring og Omegn. Jeg havde indset, at jeg, som den seriøse sportsfisker jeg – i hvert fald efter min egen mening – havde udviklet mig til, var nødt til at organisere mig. Hertil kom, at jeg havde fået knallert, en 2-gears Puch Maxi, og de nye hjemmevande Uggerby Å, Varbro Å og Guldager Sø lå nu alle indenfor overkommelig afstand.

Det første fiskevand, der blev genstand for min interesse, blev den lille Varbro Å, et tilløb til Liver Å, der løber få kilometer nord for Hjørring. Åen var ikke stor – typisk 2-3 meter bred, men den var forholdsvis dyb på det nederste stykke og her desuden ureguleret med en masse herlige sving. Juli var således ikke mange dage gammel, da jeg fra den gamle hovedvej mod Hirtshals begav mig ned imod åen på nedstrøms side. Jeg følte mig som en million iført en ny fiskevest, som min mor havde syet efter mine instrukser, med Hjørring-foreningens stofmærke påbroderet, og min 8,6 fods Hardy Fibatube kulfiberfluestang, som jeg selv havde bygget året forinden. Et lille Ryobi 255 MG med en dobbelttaperet klasse 6 synkeline og et flunkende nyt Sølvkroken fangstnet fuldendte udrustningen. En lille Godnat-streamer i størrelse 14 blev bundet på forfanget, og allerede i første sving var der hug. En fin lille bækørred på 25 cm. Det lovede godt, og jeg begav mig langsomt videre nedstrøms, idet jeg gennemfiskede ethvert stræk grundigt. Da jeg flere timer senere var nået til enden af det tilladte stykke, havde jeg fanget fire bækørreder og mistet omkring det samme antal. Alle var blevet genudsat, for ingen havde kunnet holde de 30 cm, der var blevet mit personlige mindstemål, men jeg lovede mig selv, at jeg fremover ville satse på fiskeri sen aften eller tidlig morgen.

På den første sådanne tur i begyndelsen af august havde jeg selskab af Michael. Vi var ved åen et par timer før solnedgang og begav os nedstrøms. Grøden var blevet slået, siden sidst jeg havde været der. Det ærgrede mig en del, for mange fine standpladser var nu pludselig ikke mere spor spændende. Det første lange stykke var åen som blæst for fisk, og det var ved at blive mørkt, da jeg nåede til et sted, hvor der var dannet en prop af grøde, som spærrede nogle meter af åen totalt. Dette ærgrede mig endnu mere, men jeg lod alligevel fluen – en hårvinget Red Spinner i størrelse 12 – drive ind under grøden. Der var næsten hug med det samme, og det med en bestemthed der fortalte mig, at der her var tale om en pæn fisk. Den gik selvfølgelig straks i skjul under grøden, hvor den stod så fast, at jeg ikke kunne rokke den. Specielt ikke fordi jeg fiskede med 0,16 mm forfangsspids. Michael blev hidkaldt, og med skaftet af mit fangstnet fik han frigjort grøden, der nu drev nedstrøms. Da fisken således pludselig mistede sit skjul, tog pokker ved den, og den sprang helt fri af vandet. Over 40 cm var den i hvert fald, og jeg behandlede den med fløjlshandsker. Til sidst gik gassen dog af den, og Michael kunne nette den. Det blev aftenens eneste fisk, men hvilken fisk! Bækørreden var 42 cm lang og vejede 850 gram. Min indtil da næststørste og en af de smukkeste nogensinde.

Jeg var begyndt at fiske i Uggerby Å allerede i 1983. Der var mange kilometer vand tilgængeligt, og det virkede i begyndelsen en anelse uoverskueligt. Jeg søgte derfor råd i den lokale grejforretning, Brasholt Sport, der dengang lå i Stokbrogade i Hjørring. Stryget lige efter broen i Mosbjerg skulle være et sikkert sted, og det blev her, jeg i selskab med min far fik min debut ved Uggerby Å. Vel ankomne kunne vi konstatere, at det så lovende ud. Stryget dannede et dybt høl lige efter broen, og nedstrøms fulgte en perlerække af lækre sving, hvor åen havde skåret sig dybt ned i den fede yoldialer.

Den største fare bestod i at glide på de lerede skrænter. Lidt opstrøms for broen lå Mosbjerg Dambrug, og der var mange regnbueørreder på strækningen. Jo længere nedstrøms for dambruget, man bevægede sig, jo færre – men til gengæld større – fisk. Vi fangede mange regnbueørreder på fluen, mens vi ikke så noget til de havørreder, som efter sigende også burde være der. I det hele taget viste Uggerby Ås havørreder sig at være en hård nød at knække. Jeg brugte mange timer ved åen, ikke mindst efter at have meldt mig ind i foreningen, og jeg fangede både regnbueørreder, bækørreder, skaller, gedder og ål, men der gik flere år, før den første havørred kom på land.

Det skete endelig en aprildag i 1987, hvor jeg var kørt til Bindslev Elværk for at affiske strækningen nedstrøms for fisketrappen med flue. Jeg havde fundet ud af, at "Morgenfruen", en streamer i primært orange farver, kunne være dødbringende for ørrederne i specielt forårsmånederne. Jeg bandt et eksemplar i størrelse 4 på et hurtigsynkende forfang med blykerne og begav mig nedstrøms. Jeg havde læst, at der skulle fiskes dybt, når havørrederne i Uggerby Å skulle overlistes, så når jeg havde lagt fluen ud, "mendede" jeg straks linen opstrøms og lod hele herligheden synke, indtil strømmen strammede linen op, og indtagningen begyndte. Et stykke nedenfor elværket slår åen et mægtigt s-sving, og præcis midt i huggede en fisk ved modsatte bred. Det var ikke nogen kæmpe, og den kom på land uden stor dramatik, men jeg kunne glædestrålende konstatere, at det var en blank havørred på 41 cm. Min første Uggerby Å-havørred var endelig en realitet! Med fornyet entusiasme fiskede jeg videre, og ved udgangen af s-svinget fik jeg et gevaldigt hug! Desværre havde jeg noget af en bue på linen, og jeg fik ikke givet ordentligt tilslag, så fisken viste sig et øjeblik i overfladen, hvorefter den til min store fortrydelse var væk. Fisken var farvet, så det har sikkert været en pænt stor nedfaldsfisk, som jeg i dag ville have sat hurtigt ud igen. Dengang gik man imidlertid ikke helt så meget op i at skåne nedgængerne, og den var sikkert kommet med hjem, hvis den da ellers var kommet på land.

Ole og mig var efterhånden godt frustrerede over, at vi ikke kunne fange andet end smågedder i Nørlev Sø. Imidlertid havde Ole også meldt sig ind i Hjørring-foreningen, og nu åbnede vores medlemskab op for fiskeri i Guldager Sø, en gammel tørvegrav på 3,5 hektarer, der ligger få kilometer sydøst for Hjørring. Her var der dengang desuden en robåd til rådighed for foreningens medlemmer, og først i december havde vi aftalt en trolling-tur til søen. Af et stykke gammelt kosteskaft havde jeg snittet en mægtig, over 20 cm lang træwobler, der var blevet malet fluorescerende rød på den forreste tredjedel og hvid på resten. Den var blevet belastet med splithagl i bugen og "tanktestet" adskillige gange hjemme i vores badekar. Vi var ved søen ved solopgang for at sikre os båden, og så var det ellers afsted på det nye felttog efter storgedden.

Min magnumwobler blev sat ud til den ene side og en grøn ABU HI-LO i en mere normal størrelse til den anden. Ole passede stængerne, mens jeg roede – og roede! Det med at ro en robåd var ikke min stærke side, for jeg havde kun prøvet det et par gange i Fårup Sommerland, men det ville jeg selvfølgelig under ingen omstændigheder indrømme. Der blev "taget nogle ugler" undervejs, men efterhånden som vablerne i mine hænder voksede, gik det mere stabilt og roligt fremad. Vi havde været søen rundt et par gange, da vi for anden gang fik bundbid, idet vi rundede en sivpynt. En nærmere inspektion viste, at pynten fortsatte langt ud i søen i form af en grødebræmme under vandet. Vi besluttede derfor at sejle tilbage til sivpynten og dernæst trolle langs med grøden. Det gik fint, og kort efter knækkede min stang – med magnumwobleren – næsten sammen. Ole blev helt febrilsk, da han skulle give mig stangen, og det lykkedes ham at få viklet sin line ind i min. Efter et par hektiske minutter, hvor ukvemsord haglede ned over den stakkels Ole, var problemet løst. Linen havde været slap en tid, og jeg frygtede det værste, men da jeg strammede op, var der atter kontakt. En god fight fulgte, men gedden måtte til sidst give fortabt over for min ABU fangstkrog, der kom i brug for første gang nogensinde. Det var ingen kæmpe – 3,6 kilo og 78 cm lang, men der var omtrent tale om en fordobling af min hidtidige personlige rekord, og Ole og mig kunne nemt blive enige om, at der var tale om en imponerende fisk. Tilmed var den fanget på min hjemmelavede magnumwobler, og det var første gang, jeg havde haft succes med et hjemmelavet kunstagn, når man lige så bort fra mine fluer.

Succesen måtte naturligvis gentages, og i marts 1985 var vi atter på søen. Denne dag fik vi hug et andet sted – igen på min dræber-magnumwobler. Det var imidlertid aftalen, at Ole denne gang skulle lande gedden, uanset på hvilken stang den huggede, og både fight og landing forløb uden den store dramatik. Det var en rogntung madamme på 2,85 kilo – ny personlig rekord for Ole. Jeg var også godt tilfreds – ikke mindst fordi min gedde stadig var vores største.

Månedens fisk

Brasholt havde i disse år en konkurrence om "månedens fisk". Jeg havde overvejet at tilmelde min gedde for december 1984, men den vindende fisk plejede altid at være større end noget, jeg turde drømme om at fange. Stor var min ærgrelse derfor, da jeg kort før jul kom ind i forretningen og opdagede, at den eneste tilmeldte fisk var en gedde på sølle 1,6 kilo fanget i Nørlev Sø af ingen ringere end min gamle fiskeven Michael. Det var for sent at tilmelde min langt større gedde, og jeg så i ånden både den store ære og den kontante præmie i form af fiskegrej til hundrede kroner glide min næse forbi. Michael og mig var pludselig blevet rivaler! Guldager Sø var islagt i mellemtiden, og ørrederne i åerne var fredet, så den eneste chance var havfiskeri. Ergo drog min far og mig anden juledag til Hirtshals mole, hvor vi havde hørt, at der kunne fanges pæne isinger i december. Turen blev en stor succes. Vi havde købt sildefileter som agn, og der var så koldt, at de frøs fast i bolværket, men isingerne var i stødet. Jeg fangede 17, heraf 9 over 25 cm, i løbet af et par timer, inden kulden til sidst drev os hjem. En af isingerne var betydeligt større end alle de andre, og det var mig, der havde fanget den! Hjemme på køkkenvægten vejede jeg den til 350 gram, og jeg fik hurtigt slået op i Nap & Nyt, hvor jeg glædestrålende kunne konstatere, at grænsen for tildeling af ABUs bronzenål gik ved 300 gram. Der var dog et problem: Brasholt havde først åbent dagen efter. Efter at have overvejet sagen en stund besluttede jeg mig for at lægge isingen i en skål vand i køleskabet til den følgende dag. Den måtte ved Gud ikke tabe et eneste gram!

Endelig dagen efter gik turen til Brasholt, hvor fangsten blev behørigt vejet (denne gang dog kun til 325 gram), målt, fotograferet og bevidnet. Min ising blev valgt til månedens fisk i december 1984,

73

og jeg fik ABUs bronzenål. Alt i alt en glimrende afslutning på mit indtil da absolut bedste fiskeår.

Mølgårds Bæk

Efter en lang og kold vinter var det endelig blevet maj. Bøgetræerne sprang ud, og Ole og mig kunne ikke sidde stille længere. Vi *måtte* ud at fiske. Valget faldt på et tilløb til Uggerby Å, Mølgårds Bæk, der løber igennem Lørslev få kilometer sydøst for Hjørring. Omkring vejbroen var der en strækning på nogle få hundrede meter, hvor vi et års tid forinden havde fået lov af lodsejeren til at fiske, når vi havde lyst. Det var ikke lige mit favoritsted, for bækken kunne man de fleste steder næsten skræve over, og hovedparten af åens bækørredbestand var næppe nået over yngelstadiet. Men Ole havde netop erhvervet sig et sæt fluegrej, og efter en del kastetræning ville han gerne fiske et sted, hvor han kunne øve sig i at give tilslag på rette tidspunkt. Til det formål var bækken ideel, for der var altid hugvillige miniput-bækørreder *en masse*.

En bagende varm solskinsdag drog vi afsted på cykel og knallert. Vel fremme måtte vi snart smide det meste tøj. Varmen var ligefrem trykkende. Det gik, som det plejer – der var næsten hug i første kast.

Ole fik også fisk på land. Da jeg havde fanget en halv snes stykker ørredyngel, begav jeg mig ud til enden af stykket, hvor der plejer at være lidt længere imellem fiskene. Til gengæld var de større, og enkelte gange var det lykkedes mig at lande en bækørred på over 25 cm derude. En skumringsaften året forinden havde jeg sågar landet en, der kunne holde de 30 cm. Men meget større mente jeg nu ikke, at de fandtes i Mølgårds Bæk. Det skulle snart vise sig, at jeg tog grundigt fejl!

Godt svedig var jeg nået ud til hegnet, der markerede enden på det tilladte stykke. Jeg ville selvfølgelig stoppe der, men jeg kunne ikke dy mig for at lægge et langt kast ud, som nåede ind på det forbudte vand nedstrøms. Netop der gennemløb bækken nemlig en bred og dyb passage. Min lille Godnat-streamer (som jeg ofte har haft stort held med om dagen) var dårligt landet, da en halv meter lang bækørred sprang helt fri af vandet og forsøgte at tage streameren på vej ned. Den totale overraskelse fik mig til at slå til for hurtigt, og jeg opnåede kun at rifte fisken, der skyndsomst forsvandt ind under brinken. Mildt sagt rystet prøvede jeg flere kast samme sted, men selvfølgelig uden resultat. Stadig svag i knæene gik jeg tilbage til Ole. Han troede vist ikke helt på min historie, og det kunne jeg egentlig ikke fortænke ham i.

Jeg bestemte mig nu for at prøve det korte stykke opstrøms broen, selvom det kun var 100 meter langt og desuden reguleret. Jeg var næsten nået ned til broen igen, da jeg kom til strækningens eneste høl. Pludselig var der hug, så det knagede i stangen. Jeg fik hidkaldt Ole, der med åben mund stillede sig parat med fangstnettet. Fisken var imidlertid yderst uvillig til at forlade det eneste sikre sted på strækningen, og et langvarigt tovtrækkeri fulgte. Jeg havde knap nok set fisken endnu, da Ole til sidst med næsten hele teleskopnettet under vand kunne lande den i selve høllet. Under hele fighten, der måske varede 10 minutter, havde fisken dårligt flyttet sig to meter. Men hvilken fisk! En fed, gulbuget bækørred på hele 43 cm. Nu havde jeg næsten glemt den endnu større, som jeg havde bøffet i tilslaget. Jeg havde end ikke gidet at medbringe en pose – så stor var min tiltro til stedet – så fisken måtte hænges i fiskevesten, hvor den i den næste halve times tid "solmodnede" ganske meget. Så blev det pludselig mørkt! Inden vi havde fået pakket sammen, var et voldsomt tordenvejr over os, og da vi nåede Hjørring, var vi begge to våde som druknede mus. Det gav sig selv, at vi ikke havde tænkt på at medbringe regntøj.

Fisken blev vejet til 825 gram efter solmodning, men den var både større og federe, end den jeg fik sommeren før i Varbro Å. Jeg havde indtil da ikke haft megen tiltro til teorien om, at de store bækørreder ofte vågner op til dåd lige inden en tordenbyge, men siden har jeg ligefrem opsøgt tordenvejr. Det havde i øvrigt flere år senere nær kostet mig livet, da jeg var tåbelig nok til at rende rundt viftende med min kulfiberstang i tordenvejr på en bar eng ved Karup. Altså: Fisk før og efter tordenvejr, men ikke under tordenvejr, og pas på! Husk desuden på, at selv den mindste bæk holder store ørreder!

Sverige

I et kulørt fiskemagasin havde jeg læst en artikel om havørredfiskeriet fra Ølands kyster. Ganske vist havde jeg på det tidspunkt stort set ingen erfaring med kystfiskeri, men som det blev fremstillet, var det nærmest umuligt ikke at fange en ordentlig basse. Jeg gik straks i gang med at præparere min far og mor, og da de begge var geologisk interesserede (og min far desuden i det med fiskene), gik der ikke lang tid, før den var i hus. Jeg havde ikke en rigtig kyststang på det tidspunkt, så min lange ABU Siesta medestang blev forfremmet. Hertil et Cardinal 354, som jeg havde købt på tilbud, fyldt op med 0,23 mm nylonline. På trods af stangens slaphed og få løberinge kunne jeg med et solidt blink i enden kaste rimeligt langt med denne kombination. Desuden havde jeg været i stand til at finansiere et par PVC-waders, som indtil da kun var blevet brugt ved geddefiskeri i Nørlev Sø.

Således følte jeg mig næsten som en garvet kystfisker, da familien – inklusive min storesøster – sidst i juni kørte tværs over Sverige fra Göteborg, hvor vi i øvrigt krydsede det ene lækre vandløb efter det andet. Dette her var min første udlands-fiskerejse, og jeg var spændt som bare pokker. Første overnatning skulle foregå et sted midt i Skåne, hvor vi jo næsten selv kunne vælge lejrplads, for vi kendte selvfølgelig til "allemandsretten". Vi fandt et hyggeligt sted i umiddelbar nærhed af en herlig lille å. Det var nærmest umuligt for mig at lade være med at dyppe snøren, men det indgik vist ikke i allemandsretten, og jeg dyede mig.

Vi spadserede en lang tur, hvorefter vi krøb i soveposerne. Jeg sov glimrende. Det samme gjorde min far. Min mor og søster havde derimod i løbet af natten fået ubudne gæster i soveposerne – store mængder mitter – de såkaldte "knots". Hvordan de var kommet ind i teltet, og hvorfor de udelukkende gik på hunkønsvæsener, har jeg ingen idé om, men næste morgen så specielt min søster ud, som havde hun fået byldepest, og hun var ret hysterisk over det. Vi fandt dog efter en tid frem til et apotek og købte noget salve imod kløe, hvorefter vi kunne fortsætte turen.

Endelig langt om længe nåede vi broen over Kalmarsund, og jeg kunne se det forjættede Øland i baggrunden. Anden dag havde vi aftalt at slå teltet op et sted på Ølands sydøstkyst. Teltet var næppe

77

rejst, før jeg bevægede mig mod havstokken, men det viste sig slet ikke at være så nemt, som jeg havde forestillet mig. Jeg kunne vade ret langt ud, men der var fortsat lavvandet, og vandet var desuden fyldt med grøde. Jeg holdt ud i to mistede blinks tid. Så gav jeg op og begav mig tilbage til teltet. Ikke så meget som et hug var det blevet til.

En skuffende start, men dagen efter gik turen til Borgholm på vestkysten efter en rolig nat uden ubudne gæster i teltet. Borgholm var en lidt større by, hvor min søster imødeså muligheder for at dyrke sin hovedinteresse – unge mænd – så alle var glade og tilfredse. Det var en herlig solskinsdag, da jeg vadede ud et stykke nord for teltpladsen. Her så det lovende ud. Vandet blev hurtigt dybt, og jeg fik ikke bundbid. Det skyldtes måske til dels, at jeg belært af gårsdagens tab havde monteret en gul flydende Jensen Unika wobler med røde prikker på linen. Den kastede godt nok ret skidt, men jeg havde vinden i ryggen og kunne vel nå en 30-40 meter ud, når jeg anstrengte mig. Efter en halv times tid var der hug! Ikke en voldsomt stor fisk, men stangspidsen vippede lystigt, og jeg halede mit hjemmelavede kystnet frem. Det var lavet af elektrikerrør med en god dyb netpose – egentlig et keepnet, som jeg havde købt billigt i Daells Varehus. Endelig nåede fisken indenfor synsvidde, og jeg troede dårligt mine egne øjne, da en pæn aborre brød overfladen. Et øjeblik efter lå den sprællende i nettet – ny personlig rekord! Min medbragte vægt stoppede først ved hele 625 gram. Med fornyet entusiasme fortsatte jeg fiskeriet, og et kvarters tid efter måtte en lidt mindre aborre bide i græsset. Så var festen tilsyneladende forbi, men omkring en time senere stoppede wobleren brat helt ude i en kastelængde. Jeg gav tilslag og ventede at se en sølvblank havørred springe fri af vandet. I stedet væltede en stor gedde rundt i overfladen et øjeblik og var kort efter væk. Det samme var min wobler – 0,23 mm linen var bidt over. Hold kæft, hvor jeg ærgrede mig! Jeg havde ikke set gedden godt nok til helt at bedømme størrelsen, men det havde helt sikkert været en ny personlig rekord. Måske var den rigtig stor – fantasien havde frit spil! Jeg bandede en del over ikke at have medbragt stålforfang, da jeg begav mig tilbage mod teltpladsen. Aborrerne blev tilberedt i den medbragte røgeovn, og det aftensmåltid fik mig næsten til at glemme den store gedde, som nu svømmede rundt med min Unika-wobler i kæften.

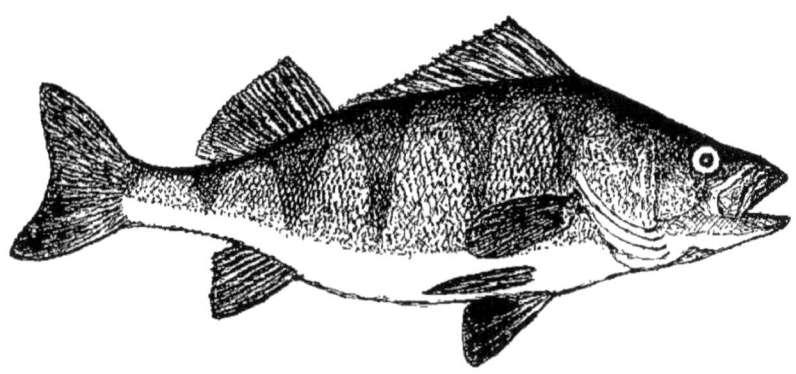

Den følgende dag forlod vi til min store fortrydelse Øland for at se noget mere af Sverige inden hjemturen. Jeg fik dog overtalt familien til, at vi koncentrerede os om området omkring Emåen, der jo var kendt som de store havørreders vand. På det eftertragtede nederste stykke var fiskeri selvfølgelig udelukket, men efter et par forespørgsler fandt vi frem til, at der kunne købes dagkort højere oppe ved en lille by med det – syntes jeg dengang – morsomme navn "Skede". Få timer senere vadede jeg ud i det forjættede vand med min Citation monteret med et Mitchell fluehjul og en billig klasse 9 WF flydeline. Det var heldigt, at jeg havde medbragt waders, for der var en bred grødebræmme langs åen, som i øvrigt mindede en del om Skjern Å ved Sønder Felding med den stærke strøm, selvom Emåen var knap så stor heroppe. Jeg fiskede med min belastede Godnat-streamer variant i størrelse 8 og fangede efter kort tid en aborre på knap tre gange fluens længde. Jeg håbede stærkt, at noget større snart ville forbarme sig over mig, og efter en times tid var der hug ved modsatte bred. Tilslag, og en sølvblank fisk væltede et øjeblik rundt i overfladen, inden den satte kursen nedstrøms. Havørred – endelig! Den lod sig dog hurtigt stoppe, og derefter fulgte den godvilligt med – lidt for godvilligt, syntes jeg. Stor var min skuffelse, da jeg kunne lande en skallelignende fisk på knap trekvart kilo i fangstnettet. Den lignede egentlig ikke en skalle, og en rimte var det vist heller ikke. Først efter at jeg hjemme havde konsulteret diverse stykker litteratur, fandt jeg frem til, at der måtte være tale om en døbel. Da døbelen ikke findes i Danmark, kunne jeg notere mig en ny personlig rekord. Jeg fangede ikke mere den eftermiddag, og det blev sidste chance for at fiske i Sverige på den tur. Først senere gik det op for mig, at Emåen var totalt spærret for opgang af både havørreder og laks af en opstemning et pænt stykke nedstrøms for Skede. Det var nok derfor, fiskekortet havde været så billigt!

Telttur ved Trend Å

Kort før starten på 2. G i august 1985 drog jeg atter til Trend Å. Det blev til en mindeværdig telttur i selskab med mine to gymnasiekammerater Jens og Ole. Det primære formål var naturligvis at fiske, og jeg havde på forhånd skamrost åens havørredfiskeri. Det var derfor tre forventningsfulde drenge, der i en lille rød Morris Mascot 1000, som næsten kørte på fælgene på grund af overlæs, blev kørt til Hyllebjerg Bro, efter at have erhvervet tre stk. ugekort på Trend Kro. Vel fremme studerede vi åen nærmere fra vejbroen og udså os derefter en lodsejer med jord ned til åen. Det var første – men absolut ikke sidste – gang, jeg lå i telt på Johannes og Gundas eng. Vi udså os et nogenlunde jævnt stykke mark uden alt for mange knolde og ko-fæces (Jens' foretrukne betegnelse for kokasser) og kastede os derefter ud i det vanskelige projekt at rejse teltet. Det var bestemt ikke let. Et er at se andre gøre det, men noget ganske andet er pludselig selv at skulle finde ud af det. Det var vist i tredje forsøg, det lykkedes os at få konstrueret noget, der lignede et telt, og som desuden så ud til at kunne modstå elementernes rasen.

Min mors hjemmebagte boller blev skyllet ned med sodavand, og vi indså hurtigt, at vi måtte finde en købmand for at spæde lidt til det sparsomme forråd. Første forsøg var i den nærliggende flække Fredbjerg – men uden held. Der fandtes ganske enkelt ikke en købmand. Vi rådførte os med en af de lokale og fandt ud af, at man faktisk havde en købmand i Hyllebjerg, en anden flække små 4 km borte og i øvrigt kun 2 km fra vores lejrplads. Efter endnu en god spadseretur nåede vi den gamle købmand i Hyllebjerg et kvarter før lukketid, hvor vi provianterede kraftigt. Købmand Fredsgaard lukkede i øvrigt butikken få år efter. Jens tilberedte nu på sit spritapparat et delikat aftensmåltid bestående af grønærter og makaroni. Måske ikke den mest solide aftensmad for tre kronisk sultne syttenårs knægte, men utålmodigheden var ved at melde sig – for mit vedkommende i hvert fald. Næppe var de sidste rester slugt, før vi drog på fiskeri. Jeg har ofte fået skyld for at være en uselskabelig fisker, og noget er der helt givet om snakken, da jeg vil ofre hele min opmærksomhed på fiskeriet. Jens og Ole var begge, hvad jeg i dag kalder "bekvemmelighedsfiskere", og belært af tidligere erfaringer skiltes vi derfor ved Hyllebjerg Bro, hvor Jens og Ole gik opstrøms og jeg nedstrøms. D'herrer fik da også hurtigt stillet den umiddelbare fiskesult og drog hjem til teltet, hvor de fik sig en seriøs mandfolkesnak over et spil kort.

Jeg nød derimod aftenens fiskeri i fulde drag – især fordi jeg var helt alene ved åen. Kun fuglene, vandrotterne og af og til en fisk brød aftenens stilhed. En overgang fik jeg dog selskab af en flok kvier, der hurtigt blev så familiære, at jeg var bange for at kroge en af dem i bagkastet. Det skete rent faktisk for mig året efter og resulterede i en løbetur, som jeg sent skal glemme. Jeg måtte selvfølgelig lige klø en af kvierne på halsen, hvorefter den begyndte at tygge i min fiskevest, som kort efter drev af savl. Så nåede jeg heldigvis hegnet, og alt faldt atter til ro. Da solen hang lavt i horisonten, uden jeg havde mærket det mindste på min Godnat-streamer, besluttede jeg mig for at prøve en streamer, som jeg i løbet af vinteren havde kreeret med det nye materiale Flashabou. Den havde hvid overvinge og sort undervinge som Godnat-streameren, men kroppen bestod af perlemorsfarvet Flashabou. Efter nedbindingen ved krogbøjningen lod jeg et stykke Flashabourør i cirka en halv gange fluens længde sidde, som jeg splittede op til en lang hale. Endelig blev den let belastet med et hoved af hurtigtørrende Araldit. Smuk var den jo, streameren, hvor halen spillede i alle regnbuens farver i skæret fra den nedgående sol, men om fiskene forstod at værdsætte det, var en ganske anden sag.

Jeg passerede "Det smalle", hvor åen dengang indsnævredes så meget, at man næsten kunne skræve over den, for derefter at danne to dybe høller. Disse gav heller ingenting, og jeg begyndte så småt at frygte den totale fiasko, der nok ikke ville virke befordrende på mine to kammeraters fiskeiver den følgende dag. Kort efter kom jeg til et ret ordinært udseende sving med sivkant langs modsatte bred. I et af de første kast landede fluen få centimeter fra sivene, og da jeg begyndte at tage fluen ind, skød en bølge ud fra kanten. Mere så der ikke ud til at ske, og jeg havde næsten taget fluen helt ind, da en god havørred pludselig viste sig i overfladen, hvor den tog fluen i en vending. Rent reflektorisk gav jeg tilslag, og fisken satte straks kurs mod en nærliggende busk på min side af åen. Her stillede den sig beslutsomt og reagerede slet ikke på mine fortvivlede anstrengelser for at få den ud. Jeg turde ikke presse den hårdt, da jeg ikke var sikker på, hvor godt krogen sad, så min eneste mulighed var at skræmme den ud. Jeg kastede jord og græstørv i vandet uden den ringeste effekt og var efterhånden på sammenbruddets rand, da jeg fik en idé. Med stangen hævet højt over hovedet kravlede jeg ud i busken og trampede på grenene lige over fisken – uden nogen reaktion. Pludselig knækkede en af grenene, og mit ene ben røg i åen til midt på låret – lige ned i hovedet på fisken. Dette havde den ønskede virkning, og havørreden fræsede nedstrøms med mig bagefter, så hurtigt det nu lod sig gøre at få viklet ben, fisketøj og fangstnet ud af buskens grene. Endelig stoppede fisken i det næste sving, og da mit ene bukseben i forvejen var gennemblødt, så jeg ingen grund til ikke at vade ud i høllet, hvor vandet gik mig til livet. Den fisk måtte pinedød ikke gå tabt!

Med rystende hænder fik jeg slået fangstnettet ud. Heldigvis havde jeg fået investeret i et af de praktiske Sølvkroken teleskopnet, der er dejligt lette at håndtere i pressede situationer. Fisken viste sig i overfladen for første gang siden krogningen, og jeg erfarede rystende, at krogen sad i en hudtrevl i den ene mundvig. Jeg vadede nedstrøms for fisken og forsøgte at presse den ned mod mig, men hver gang den fik øje på mig, tog pokker ved den, og den racede atter opstrøms. Endelig begyndte dens kræfter dog at svinde, og den viste sig oftere og oftere i overfladen. Til sidst måtte den følge med nedstrøms, og idet den passerede mig, lykkedes det at få fangstnettet ind under den, hvorefter jeg gennemblødt – men ovenud lykkelig – kunne vade op på det tørre, hvor jeg med et velplaceret håndkantslag gjorde en ende på fiskens trængsler. Den var kun 54 cm lang, men vejede næsten 2 kilo. En fin, velkonditioneret havørred og tilmed ny personlig rekord. Som dens sølvblanke sider glimtede i aftenens sidste lys, syntes jeg, at det var den smukkeste fisk, jeg nogensinde havde fanget.

En havørred i mørket ...

Trods det tiltagende mørke var triumftoget op mod broen hurtigt overstået, og jeg begav mig hen mod teltet, hvor Jens og Ole hørte mig komme. "Han har ikke fanget noget", hørte jeg Jens sige, men i det samme stak Ole hovedet ud af teltåbningen og kom med et spontant "nej, det er løgn!", da jeg viftede ham om næsen med havørreden. Efter behørig fotografering lykkedes det os med nød og næppe at få proppet fisken ned i den medbragte røgeovn. Kort efter nød vi et sent, men særdeles delikat aftensmåltid!

De følgende dage var fiskeheldet til at overse. Vejret var blevet ret utiltalende med regn og blæst allerede på andendagen. Vi fiskede dog ivrigt indtil sidst på eftermiddagen, men den samlede fangst beløb sig til tre små bækørreder, der absolut ikke kunne holde mindstemålet. Ergo måtte vi endnu engang en tur til købmanden. Chefkok Jens tilberedte samme aften gule ærter til aftensmad – lavet på frysetørret pulver. Det var klægt og sad fast i halsen, men det gled da heldigvis ned, inden det for alvor hærdede. Virkningen udeblev imidlertid ikke. Efter et par timers aftenfiskeri måtte Ole kravle i soveposen med kvalme, ondt i maven samt hovedpine. Jens, der havde foretrukket at blive i soveposen under aftenens fiskeri, blev meget oprevet, da han hørte om Oles tiltagende kvalme. Han befalede omgående, at Ole, der lå i midten, skulle vende hovedet over mod mig. Den var jeg imidlertid ikke helt med på, og et par af mine sokker fra turens første dag anbragt tæt ved Oles næse fik ham straks på bedre tanker, hvorefter han vendte hovedet i vejret, hvilket tilfredsstillede alle parter. Klokken tre om natten forlod han skyndsomst etablissementet, og nogle specielle lyde udenfor bekræftede, at aftenens kontrovers ikke havde været ubegrundet. Den stakkels Ole blev nu tvunget til at ligge med hovedet i vi andres fodende, men resten af natten forløb roligt.

Næste morgen var Ole så syg, at han ikke kunne spise morgenmad, der bestod af rester (gule ærter). Heldigvis forsynede vores flinke værtinde, Gunda, os med to hovedpinepiller, der bevirkede, at han blev lidt bedre ud på eftermiddagen. Dog ikke så meget at han kunne deltage i dagens fiskeri. Vejret var endnu dårligere end på andendagen, men både Jens og mig fiskede ivrigt, mens Ole lå og "hyggede sig" inde i teltet. Der skete ikke det helt store, udover at Jens på et tidspunkt fik sat ny personlig rekord i 50 meter forhindringsløb, da Johannes og Gundas "vilde" heste fredeligt kom luntende hen imod ham. Den samlede fangst var en undermåls-havørred, som jeg fangede på en hvid palmer-flue, og aftenen blev – naturligvis udelukkende af hensyn til Ole – helliget til socialt samvær og sjofle historier.

På turens sidste dag var åen næsten gået over sine bredder, og Jens var ganske uvillig til at bevæge sig ud i regnvejret. Ole var blevet frisk igen, og vi var begge rede til at forcere det barske terræn opstrøms for broen, der bestod af utallige sumpe og buskadser. Det lykkedes mig at fange en bækørred og en undermåls-havørred på en Muddler Minnow. Det var vist første gang, jeg for alvor blev opmærksom på muddlerens effektivitet. Specielt i den langsomt flydende Trend Å brugte både min far og mig den med stort held i de kommende år – især aften og tidlig morgen. På vej nedstrøms hørte vi en stor havørred lave et ordentligt plask, og Ole forsøgte sig i lang tid, men desværre uden held. De springende havørreder prøver jeg altid, men jeg mindes ikke nogensinde at have været i stand til at lokke en på fluen. I hvert fald ikke før nogle timer senere. Ved Karup Å kan det nogle sommernætter være dybt frustrerende at luske rundt langs brinkerne, mens store havørreder nærmest vælter om ørerne på en, så åen gynger, mens enhver flue naturligvis ignoreres. Så "slemt" var det trods alt ikke den dag ved Trend Å, men jeg tror i dag, at den megen regn havde sat gang i opgangen af havørreder, og det har ofte ærgret mig, at vi skulle hjem samme aften. Men vi blev hentet, så der var ingen vej uden om. Vi var alle tre ved Trend Å en gang mere i efteråret 1986, men den tur var knap så mindeværdig, og vi fangede ikke noget særligt.

Stora Le

2. G's årsprøver i juni 1986 blev for mit vedkommende afsluttet med et 10-tal i fransk. Hvordan jeg bar mig ad med det, er jeg i dag ikke helt klar over, men de højere magter må have været mig venligt stemt, for jeg tilbragte mange fransktimer med at drømme om havørreder, og det der var bedre. Det bedre var en smuk, lyshåret og umådeligt sød pige fra min gymnasieklasse, som hed Helle. Jeg havde et særdeles godt øje til hende, selvom jeg godt vidste, at hun desværre allerede var optaget. Men det skulle da være en ringe gris, som ikke kunne jage den anden fra truget, eller hvad? Det lykkedes mig ikke, og i bagklogskabens klare lys var jeg på det tidspunkt bestemt heller ikke klar til at møde kvinden i mit liv. En septemberdag i 2002 stod jeg i en mere moden alder igen foran Helle for første gang i 15 år, og denne gang var jeg ikke til sinds at lade hende "slippe af krogen". Vi har været sammen siden, og i 2007 blev vi mand og kone.

Nå, men efter den veloverståede årsprøve var der al mulig grund til at fejre sommerens komme med en gang seriøst fiskeri, og denne sommer skulle Jens og mig en tur til Sverige, hvor hans onkel og mormor ejede et sommerhus med båd og fiskeret ved bredden af søen Stora Le tæt ved den norske grænse. Der skulle ifølge Jens vrimle med pænt store gedder og aborrer, så jeg imødeså en betragtelig forbedring af i hvert fald to personlige rekorder. Om morgenen den 27. juni entrerede jeg Hjørring Station belæsset med absolut nødvendigt fiskegrej i et omfang, så jeg dårligt kunne holde balancen. Toget til Frederikshavn var selvfølgelig stopfyldt, så at finde en kupé med plads til alt vores habengut tog det meste af rejsetiden. I Frederikshavn kunne jeg så slæbe videre på vej til Stena Line, og jeg var allerede ved at være godt mør, da jeg omsider kunne smide mig i en stol på færgens soldæk. Lidet anede jeg, at mareridtet knap nok var begyndt. I Göteborg kunne jeg slæbe videre fra Stena til den nærmeste sporvogn. Den var i forvejen propfuld, og et par overbelæssede danske lystfiskere var ikke voldsomt populære.

Det var en stor lettelse, da vi ankom til Centralstationen, hvor der var en god times ventetid på toget, som skulle bringe os til den lille flække Ed. I Ed blev vi først på aftenen afhentet af Jens' onkel Lennart, og endnu et problem med at få læsset alle vores pakkenelliker i bilens bagagerum måtte klares. Kort efter ankom vi til det hyggelige træhus tæt på søbredden, hvor Jens' mormor Linea tog imod. De havde også en hund, Bello, som jeg hurtigt blev særdeles gode venner med. Den var bestemt ingen årsunge og lignede mest af alt en rullepølse med fødder, men kælen var den så absolut. For mit vedkommende måtte såvel hunden som stedets skønhed imidlertid prises senere. Det eneste, jeg tænkte på efter aftensmaden, var at se dyner.

Jeg var allerede vågen næste morgen, da Jens kom ind på mit værelse iført shorts og håndklæde. Han foreslog, at vi skulle have en dukkert i søen inden morgenmaden. Jeg var en anelse betænkelig ved vandets temperatur, men Jens kunne oplyse, at vandet ifølge Lennart var næsten 20 grader varmt. Det var da også ret tæt på – i hvert fald hvis man tager i betragtning, at det absolutte nulpunkt er minus 273,15 grader. Jens sprang næsten en halv meter op i luften, da han dyppede tæerne, og der måtte lang tids tilvænning til, før vi i vand til knæene vadede ud på en klippe, hvorfra der kunne tages hovedspring. Jeg gjorde det! Men det kostede næsten et kuldechok. Jens var hurtigt oppe, idet han var bange for at blive overfaldet af en gedde! Jeg morede mig kosteligt, men gjorde ham kort efter selskab, da han åndsfraværende oplyste, at vandet desuden var fyldt med hesteigler. Dem kendte jeg udmærket fra vores branddam i Fjerritslev, og jeg vidste, at de absolut ikke holdt sig til at bide på heste.

Efter morgenmaden kunne vi langt om længe sætte båden i søen og begive os på fiskeri. Det var aborrerne, der skulle stå for skud, og vi ankrede op tæt på et vissent træ, der var smidt i søen. Vandet var så rent, at man kunne drikke af det, og der var derfor – i modsætning til i de næringsrige danske søer – en udpræget mangel på grøde. Visne juletræer var hist og her smidt i søen og udgjorde et glimrende skjul for både aborrer og – skulle det vise sig – mindre gedder. Fiskeriet foregik med små, levende agnfisk – jeg har glemt, hvad de hed, men jeg husker, at jeg havde det ret skidt med at sætte en krog i ryggen på dem. Heldigvis fandt jeg snart ud af, at en krog i underkæben var ligeså effektiv. Ud kom agnfiskene, og Jens var allerede blevet en smule utålmodig, inden den første prop gik under. Det var pæne aborrer, men de var ikke i rekordstørrelse for mit vedkommende. Alle fik dog fisk – også Jens – og da beholdningen af agnfisk for alvor svandt ind, havde jeg landet 13 aborrer op til 350 gram – fine spisefisk. Frokosten blev indtaget på en lille ø, idet medbragt saftevand blev fortyndet med vand direkte fra søen. Jeg var en smule betænkelig ved sagen, men da jeg havde forvisset mig om, at der ikke lå en aggressiv hesteigle på lur i kanden, gled det ned.

Stora Le

Ud på eftermiddagen skulle storgedden stå for tur, så Jens og mig satte min store hjemmelavede dræberwobler på linen og trollede. Inden længe var der hug, men meget væsen gjorde fisken nu ikke af sig, og det viste sig at være en gedde på omkring to gange woblerens længde, der ikke havde kunnet dy sig for det tilsyneladende absolut solide måltid. Mere blev det ikke til denne eftermiddag, for kort tid efter kom min wobler efter et bundhug op til overfladen uden ske. Som jeg dog ærgrede mig! Jeg havde allerede i ånden set mig selv posere med en 10-kilos gedde med min dræberwobler hængende ud af kæften. Jeg havde ikke andre store woblere med, og der var langt til den nærmeste grejforretning. Min tiltro til storgeddernes samarbejdsvilje havde lidt et alvorligt tilbageslag. Først efter tre portioner ovngratineret aborre begyndte min entusiasme samme aften så småt at vende tilbage.

De følgende tre dage hjembragte vi aborrer og gedder i en lind strøm, men desværre ikke nogen i mindeværdig størrelse. Den største oplevelse var for mit vedkommende at fange en gedde på omkring 1,5 kilo på en bambusstang med topknyttet line. Den havde hugget på en af agnfiskene beregnet på aborrer og fik bambusstangen til at bøje faretruende, inden den til sidst måtte affinde sig med en tur på det tørre. Selvom vi selv rengjorde fiskene, begyndte Jens' mormor at smile lidt anstrengt, når vi hen på aftenen kom anstigende med fyldte poser.

Den 1. juli var turens næstsidste dag, og nu skulle det pinedød være! Efter aftensmaden begav Jens og mig os afsted i båden efter at have fået pejlepunkter af Jens' onkel, så vi kunne finde en grund, der i hvert fald holdt store gedder. Jeg husker stadig navnet: "Vikansjögrunden". Vel fremme monterede jeg et stykke kuglebly over det 40 cm lange 0,60 mm nylonforfang og bandt en flydende Jensen Unika, som jeg havde malet i den klassiske rød/hvide farve, i enden. Ud kom herligheden, og jeg havde ikke fisket i mere end få minutter, før der var hug. I de første sekunder føltes det som en ganske normal størrelse gedde, men da jeg begyndte at rulle ind, blev trækket pludselig tungt! Stangen bøjede faretruende, og båden begyndte at bevæge sig! Jeg nåede at få gevaldig gelé i knæene, inden stangen pludselig rettede sig op med et svirp. Fuld af bange anelser rullede jeg ind, blot for at konstatere at forfanget var flænset over, og af de oprindelige 40 cm var der kun godt 20 cm tilbage. Fy for den, hvor jeg ærgrede mig! Det blev sidste gang, jeg fiskede gedder uden stålforfang.

Da jeg havde sundet mig og fået en ny Unika bundet på linen, ankrede vi i skumringen op i vigen tæt ved bådebroen. Efterhånden som lyset svandt, begyndte der at lyde det ene plask efter det andet, og pludselig huggede gedderne som gale! Jeg fangede på under en time seks stykker med den største på hele 3 kilo og mistede fire. En af gedderne sprang helt fri af vandet i samme øjeblik, wobleren ramte overfladen, og tog den på vej ned. Selv Jens landede to gedder og mistede en del. Det var tæt på midnat, da vi tungt belæssede mødte op i sommerhuset, og derefter fulgte den sure del. Jens' mormor bekendtgjorde en kende irriteret, at hun ikke ville se flere fisk, og så kunne vi ellers slutte dagen af med at filetere gedder til klokken halv to om natten. Sidste aften var vi igen på pletten, men der måtte jeg nøjes med en enkelt gedde på omkring kiloet, mens Jens ikke fangede noget. Behøver jeg fortælle, at den gedde blev genudsat?

Trend Å – på godt og ondt

Mon ikke alle lystfiskere har prøvet en af de dage, hvor alt synes forhekset? En aften ved Trend Å i juli 1986 står ætset ind i min erindring. Først og fremmest fordi jeg blev straffet for en utilgivelig brøler, men straffen syntes mig urimeligt hård. Min far og mig havde fisket et par dage ved Karup Å og Haderis Å uden de store resultater. På hjemvejen den sidste aften skulle vi lige forsøge os ved Hyllebjerg Bro, for dagen forinden var der faldet megen regn, og vi havde en formodning om, at dette efter en længere tørkeperiode havde sat gang i havørrederne. Solen hang lavt på himlen, da vi startede fiskeriet nedstrøms broen. Jeg havde bevæbnet mig med en Muddler Minnow i størrelse 8. Den var de små bækørreder dog lidt for glade for, og snart efter skiftede jeg til en størrelse 4. Så ambitiøse var de små kræ alligevel ikke. Jeg passerede "De tre øer" og kom kort efter til den enlige ø, der dengang lå lidt længere nede ad åen. Jeg vidste af erfaring, at der på nordsiden af øen ofte stod en havørred, men jeg gik på sydsiden. Det var lidt besværligt at få fluen lirket omkring øen, men efter at have tørret muddleren med et par blindkast lod jeg den simpelthen drive. Da jeg formodede, fluen lå det rigtige sted, begyndte jeg at tage linen ind, imens jeg strakte arme og stang så langt ud over vandet som muligt for at undgå grøden ved kanten af øen. Fluen var næppe nået klar af øen, før en trepunds havørred vendte i overfladen. Jeg blev så overrasket, at mit tilslag faldt for hurtigt, og fisken rullede en gang i overfladen og var væk. Godt ærgerlig spandt jeg linen ind og begav mig længere ned ad åen.

Tusmørket sænkede sig, og jeg var efterhånden nået ned til svinget, hvor jeg havde fanget havørreden sommeren forinden. Lige før svinget kom en havørred helt uventet ud fra brinken og slog til fluen – dog uden egentlig at hugge. I selve svinget mærkede jeg intet, men to skridt efter den busk, som jeg året før havde taget ufrivilligt bad fra, huggede endnu en havørred. Igen slog jeg til for hurtigt og opnåede kun at rifte fisken, der skyndsomst forsvandt ind under brinken. Temmelig negativ gik jeg videre og fiskede et stort dybt høl igennem uden resultat. Da det efterhånden var blevet så mørkt, som det nu bliver først i juli måned, besluttede jeg at skifte min Muddler Minnow ud med en knaldsort muddler, ligeledes i størrelse 4. I et af de første kast skød en havørred ud fra brinken og tog fluen. Endelig faldt tilslaget korrekt, og fisken racede ned ad åen. Jeg fik hidkaldt min far, der gik nedstrøms med fangstnettet for at finde en egnet landingsplads. Fisken var helt vild og fór nu opstrøms, mens den kastede sig ud af vandet. Det var ikke nogen kæmpe – vel omkring den halve meter – men den var i en formidabel kondition. Den stillede sig i det store høl ovenfor, og da jeg prøvede at presse den nedstrøms, blev linen pludselig slap. Jeg er ikke specielt overtroisk, men jeg begyndte at få en anelse om, at denne aften ville skille sig ud på en uheldig måde. Inden jeg var kommet helt til mig selv, råbte min far: "Nu har *jeg* fisk!". Jeg var dog kun nået få skridt, da en række eder og forbandelser indikerede, at fisken var tabt. Jeg genoptog fiskeriet, men havde kun gjort få kast, da en bølge viste sig bag fluen, og en stor havørred vendte i overfladen. Jeg gav tilslag, og det var "som at slå i en pæl". Fisken forsvandt tungt trækkende nedstrøms, men få sekunder efter blev linen slap. Jeg var nær kommet alvorligt til skade, da jeg afreagerede på en uskyldig hegnspæl. Jeg humpede opstrøms og fandt min far. Han havde mistet yderligere to havørreder! Oppe i bilen slog en frygtelig mistanke ned i mig. Jeg kiggede nærmere på muddleren og kunne konstatere, at krogspidsen var brækket! De næste par dage havde jeg svært ved at koncentrere mig om ret meget, hvorpå jeg tog konsekvensen og drog til Trend Å igen. Med nyskærpede kroge fiskede jeg atter stykket igennem, og denne gang lykkedes det mig faktisk at få en form for revanche med en havørred på 1,3 kilo.

I 1987 nærmede studentereksamen sig, og foråret gik med fysikrapporter, indføringsopgaver og andre ubehageligheder. Da både eksamen og de endnu hårdere studenterfester var vel overstået, besluttede min far og mig, at vi ville tage en todages telttur til Trend Å. Da jeg efterhånden var i gevaldigt fiske-underskud, havde jeg både medbragt spinne- og fluegrej, idet planen var at fiske døgnet rundt. Spinne- og agnfiskeri i dagtimerne og fluefiskeri aften og nat var strategien. Med bilen belæsset med fiskegrej og proviant i form af bajere og chokoladekiks drog vi forventningsfulde afsted, og vel fremme ved åen fik vi lov at slå teltet op hos Johannes og Gunda. Vi fik endog en optimistisk aftale i stand om plads i fryseren til alle fiskene. Efter på Trend Kro at have gjort os til gode med det sidste ordentlige måltid mad, vi skulle få i over et døgn, blev vi enige om at starte eftermiddagens fiskeri ved udløbet. Desværre var der lavvandet i fjorden, og da det samtidig havde været tørt i flere dage, var der på det meste af strækningen ikke mere vand, end at en velvoksen ørred knap ville kunne dække ryggen. Vi fangede enkelte bækørreder i hundestejleformat, hvorefter vi pakkede habenguttet sammen og kørte østpå.

Endnu et for os ukendt stykke af åen skulle afprøves denne eftermiddag. Efter en del besvær fandt vi til sidst markvejen, der førte ned til den lokale forenings lystfiskerhus. Vi parkerede bilen og opdagede til vores forbavselse, at der her fandtes nogle hundrede meter ureguleret å. Grunden til, at gravemaskinerne var sprunget over lige netop dette stykke, blev krystalklar for mig, da jeg forvildede mig over på nordsiden af åen med det formål at kunne affiske et særligt spændende sving mere effektivt. Efter at have forceret utallige sumpe og buskadser lykkedes det mig til sidst at nå ned til åen, hvor jeg måtte hænge på en skrænt ved at holde mig fast i en gren med den ene hånd og fiske med den anden, alt imens brinken desuden truede med at skride væk under mig. Som ved et mirakel nåede jeg atter over på sydsiden, hvor jeg kort efter landede en bækørred på lige under pundet, der dog blev genudsat. Kort efter havde jeg hug af en god fisk, der desværre ikke blev kroget. Alt i alt dog en ganske lovende begyndelse.

Et par timer før solnedgang ankom vi til vores teltplads ved det gode gamle stykke, hvor aftenfiskeriet naturligvis skulle tilbringes. Efter et solidt aftensmåltid bestående af chokoladekiks og bajere startede vi fiskeriet nedstrøms Hyllebjerg Bro, hvor vi langsomt og metodisk gennemfiskede alle pladser – dog uden større held. Solen gik ned, og vi nåede ud til "vores" stykker, hvor min far startede nogle høller før "Det smalle", og jeg lidt efter. Jeg gennemfiskede "mine" høller særdeles grundigt uden det ringeste resultat og vendte let frustreret næsen opstrøms et par timer efter solnedgang. Oppe ved "Det smalle" hørte jeg min fars flueline hvisle i luften og lokaliserede ham derefter på gløden i hans pibe. "Har du fanget noget?", var det uundgåelige spørgsmål. "Åh, en enkelt", lød svaret. "Den ligger oppe ved busken". I busken hang der en flot 1,9 kilos havørred. Luskebuksen havde i den lyse sommernat taget chancen og landet fisken uden at kalde på mig. 1-0 til ham altså måtte jeg erkende, da vi gik tilbage mod teltet for at få nogle timers søvn. Da vi rensede fisken opdagede vi, at den indeholdt en betydelig mængde rogn, som vi gemte til den følgende dags fiskeri, og efter en godnatpils kravlede vi i soveposerne.

Vi sov selvfølgelig over og vågnede først, da solen stod højt på himlen. Vi riggede hurtigt spinnestængerne til og gjorde os klar til at bekrige åens ørreder med rognen fra aftenen før. Vi startede med at affiske stykket nedstrøms broen, idet vi søgte at undgå de pladser, som erfaringsmæssigt holdt mange småfisk. Vi undgik dog langt fra dem alle, og adskillige bækørreder samt en enkelt regnbueørred måtte bide i græsset, mens endnu flere slap med skrækken. Flere "sikre" havørredpladser gav kun småfisk, og vi begyndte så småt at overveje at skifte til noget andet, da en smuk havørred på 1,1 kilo pludselig forbarmede sig over os og huggede på min fars rogn under busken lige efter "Det smalle". Efter en kort, men heftig, kamp måtte den give fortabt. Vi havde aldrig tidligere rigtig prøvet rognfiskeri efter havørreder, så da det første egentlige forsøg gav bonus på en solrig sommerdag midt i den værste middagshede – forhold som vi ellers anså for "umulige" til havørred – tydede noget på, at metoden var anbefalelsesværdig.

Efter en nærende frokost bestående af de nu næsten klassiske ingredienser begav vi os opstrøms broen. Vi havde næppe fået snørerne i vandet, før min far fik hug af en fed regnbue på pundet, der tog nogle drabelige udløb, før den lod sig nette. Nu var jeg med andre ord bagud i vores indbyrdes kapløb med 0-3. En grim tanke! Kun med en ørred større end hans den største ville jeg kunne redde æren og undgå at høre på hans stiklerier på hjemturen. Jeg begav mig ned på det sidste stykke inden broen, der trods regulering indeholder mange gode standpladser. Jeg begyndte sammenbidt at gennemfiske de gode stykker og nåede kort efter til et dybt og roligt stykke å, hvor træer og buske voksede helt ud til bredden på min side af åen. Stykket var derfor vanskeligt at befiske, men cirka midt på fandt jeg nogle meter bar bred, hvor der stod en vandstandsmåler. Som en indianer sneg jeg mig ud til kanten, hvor jeg satte mig på knæ og sendte rognklumpen et stykke opstrøms til modsatte bred. Jeg spandt den derefter langsomt ind med stangspidsen parallelt med åbredden, hvorved agnen drev ind under buskene på min side af åen. Nu lod jeg strømmen alene føre rognen nedstrøms og drejede kun ind på hjulet for at holde linen stram. Lige ud for vandstandsmåleren mærkede jeg nogle små nøk i linen. Tilslaget faldt omgående, og fisken spurtede nedstrøms. I det samme dukkede min far op. "Nå, har du fået nogen hug?", lød det overbærende. "Åh, et lille et", svarede jeg skadefro, idet fisken atter forsvandt nedstrøms, så knarren på mit lille Cardinalhjul hvæsede. I det samme sprang den helt fri af vandet, og den var tydeligvis på størrelse med min fars den store. Han havde et øjeblik set til med åben mund, men kom nu op i omdrejninger og stillede sig så langt nedstrøms som buskadset tillod med fangstnettet slået ud. Fisken var dog langtfra færdig, og jeg måtte rystende sætte hårdt mod hårdt, hver gang den forsøgte at gemme sig under en af de mange buske langs åbredden.

Efterhånden stod det dog klart, at krogen måtte sidde godt fast, og jeg spændte bremsen og pressede ubønhørligt fisken opstrøms. Det kom den da også, men kun for at fortsætte helt op i svinget opstrøms buskadset. Med den største forsigtighed for ikke at få linen viklet ind i grenene, pressede jeg den nu nedstrøms, og efterhånden var den mør og fulgte nogenlunde godvilligt med. Idet den passerede, forsøgte min far at nette den, men først tredje forsøg var succesfuldt, og jeg havde vægten fremme, næsten inden fisken lå på jorden. 1,8 kilo viste skalaen – uanset hvor meget jeg rystede og drejede vægten – altså 100 gram for lidt. Alligevel undgik jeg flere hoverende bemærkninger. Vi fangede ikke flere havørreder på den tur, men var godt tilfredse da vi samme aften kørte hjem.

Uggerby Å bækørred

Min sidste mindeværdige tur i det herrens år 1987 gik til Uggerby Å på stykket ved Sindal. Et par uger forinden var jeg begyndt mit sabbatår med et arbejde på Vendelbo Konserves i Tårs. Det var hårdt fysisk arbejde for en spinkel student som mig, og der var ellers ikke megen energi til fisketure det efterår. Men en enkelt tur sidst i august, inden sommeren for alvor gik på hæld, ville jeg pinedød have med. Et par timer i engen nedstrøms Sindal gik man ikke fejl af! En lun sensommeraften parkerede min far og mig, som efterhånden mange gange før, foran Sindal kommunekontor. Fluestængerne blev rigget til, og vi begav os ned mod åen over skrænten, der er så stejl, at man næsten må holde igen for ikke at løbe. Stykket ser ikke umiddelbart særligt indbydende ud. Åen er forholdsvis bred, langsomt flydende og tilmed reguleret. Første gang jeg havde fisket der – et par år forinden – havde min skepsis været udpræget, men et solidt hug havde fået mig til at revidere min opfattelse. Nu vidste jeg, at strækningen næsten altid var god for en bækørred eller flere, og flere af dem var endda ganske pæne. Reguleringen var af så gammel dato, at åen mange steder havde gravet sig dybt ind under brinkerne, og specielt "mit" sted, en indsnævring et par hundrede meter nedstrøms træbroen, som lå lige nedenfor kommunekontoret, var sikkert. Kommunen lod åen og brinkerne passe sig selv, og de fleste steder måtte man kæmpe sig vej igennem meterhøje tidsler og brændenælder, samtidig med at man holdt et vågent øje med den bløde og usikre brink. Jeg har ikke tal på alle de gange, jeg i tidens løb måtte vikle fluen fri af tidsler, gederams eller andre gevækster. Endelig var strækningen i de lune sommeraftener et sandt mygge-eldorado. Intet under at man kunne fiske der relativt uforstyrret. Det kan man for resten stadig i 2023, men nu desværre nok snarere fordi der ikke er en eneste fisk at fange på strækningen.

Uggerby Å ved Sindal

Det første stykke gav som altid et par bækørreder på 25-30 cm. Da jeg nåede den gode indsnævring, hvor åen er dyb, satte jeg en belastet Godnat streamer variant på forfanget. Det første stykke – fra den første til den anden irriterende busk på egen bred – gav kun de sædvanlige "hug" i bagkastet. Flue og forfang var dog intakte, da jeg sneg mig ned på nedstrøms side af busk nummer to. Her var der dengang en sivkant ved modsatte bred, som ofte holdt en god fisk. Det var ret vanskeligt at få fluen ud uden at fange busken, men med noget, der mindede om et rullekast, gik det. Skyggerne var netop blevet lange, og den første aftenkølighed kunne mærkes i luften, da en mørkebrun ryg skød ud af vandet lige bagved min flue. Jeg gav tilslag, og der var fast fisk! Der var vægt bagved, kunne jeg mærke, og fisken satte selvfølgelig kurs opstrøms mod busken – åh nej! Jeg opsendte en bøn til fiskeguderne, alt imens jeg hidkaldte min far. Fisken blev aldrig klar over, hvor stor en chance den havde, for da jeg for alvor lagde pres på, forsvandt den i stedet for fuld fart nedstrøms. Min far var dukket op og stod nu parat med nettet ved det følgende høl. Fisken var samarbejdsvillig nok til selv at finde derned, og efter en del mindre ture frem og tilbage sprællede den i nettet. En flot, fed og mørk bækørred på 45 cm og 1 kilo med knaldrøde pletter og karrygul bug. En tangering af min personlige rekord fra 1984 var i hus, men dette var nok den smukkeste bækørred, jeg til dato har fanget.

Afslutning

De første 15 år med en fiskestang i hånden bød på både store oplevelser og skuffelser, men i dag er der kun meget få af de beskrevne oplevelser, som jeg ikke gerne ville leve om igen. Jeg har aldrig været nogen Fætter Højben, og jeg er i hvert fald ikke typen, der fanger en kæmpe havørred i fjerde kast, som det skete for en bekendt for nogle år siden. Jeg er imidlertid sikker på, at det indebærer visse fordele at måtte "arbejde sig op". For det første lærer man en masse undervejs i den proces, og er man uheldig at være alt for heldig til at begynde med, kan det næsten kun gå ned ad bakke derefter.

De første år efter studentereksamen fiskede jeg ikke ret meget. Det var den periode, hvor man skal "rende hornene af sig", og det tog unægtelig sin tid for mit vedkommende. Først i 90'erne begyndte jeg igen at fiske med jævne mellemrum. Dog kun frem til 1994, hvor jeg flyttede til København for at studere. Her endte jeg med at tilbringe 10 år, og efter et par år mødte jeg Thorkild – en anden vaskeægte jyde i et eksil, som dog endte med at blive permanent for hans vedkommende. Han fik mine øjne op for det dengang eminente havørredfiskeri på Skånes sydøstkyst. For mig var og blev åfiskeriet dog nummer et, og i mangel af bedre forsøgte jeg mig mange gange i Tryggevælde Å, men det lykkedes mig aldrig at fange en eneste ørred dernede. Til gengæld fik jeg masser af store aborrer, rimter og enkelte gedder. Senere lærte jeg to andre gode jyder at kende – Carl fra Sønderjylland og Ole fra Nordjylland. Dem gjorde jeg selskab på ture til både Gaula og Mørrumsåen – dog uden at det lykkedes mig at lande så meget som en enkelt laks. I de år blev det også til mange havture med kutter på Øresund efter både torsk og sild.

Ved årsskiftet 2003-2004 vendte jeg tilbage til Hjørring, hvor jeg flyttede sammen med Helle. Jeg havde knap nok sat min fod i "hovedlandet" igen, før jeg meldte mig ind i Nordjysk Lystfiskeri-forening, som råder over det nederste stykke af Lindenborg Å. Første tur gav en blank havørred på 2,2 kilo. Så var jeg solgt, og i første del af 00'erne tilbragte jeg utallige timer langs med åen. Jeg kender næppe nogen å i Danmark, hvor det er nemmere – eller jeg skulle måske sige mindre vanskeligt – at fange en havørred, og fisk på op til 7 kilo har i årenes løb måttet bide i græsset.

I september 2004 var jeg sammen med min far på vores eneste store udlands-fiskerejse, hvor vi spenderede en del af arven fra min farfar på en tur til Kolahalvøen. Her fangede vi begge vores første laks, om end armene ikke blev helt så ømme i løbet af ugen, som vi havde håbet på.

Frem til sidst i 00'erne blev mit fiskeri desværre mere og mere konkurrencepræget, og en nultur betragtede jeg til sidst nærmest som et personligt nederlag. Jeg finpudsede grejerne, studerede ivrigt vejrudsigter, tidevandstabeller m.m. og stod så vidt muligt ved åen, når forholdene var optimale. Fiskeriet var blevet endnu en stressfaktor i en ofte tilstrækkelig stresset hverdag, og det endte med, at jeg simpelthen mistede lysten til at fiske i nogle år. Tåbeligt, og i bagklogskabens klare lys kan jeg kun advare imod for alvor at lade sig gribe af resultatorienteret konkurrence-ræs under fiskeriet. Selvfølgelig skal der være plads til lidt hyggelig konkurrence med fiskevennerne, men hvis det går for vidt, går det simpelthen udover fornøjelsen ved at fiske, og når alt kommer til alt, dyrker vi vel alle vores hobbies for fornøjelsens skyld.

Lysten kom heldigvis igen, og nu, hvor jeg er midt i 50'erne, er jeg en mere flittig gæst ved åen, end det har været tilfældet i mange år. I dag tager jeg på fisketur, når jeg har tid og lyst, og det betyder ikke længere så meget, om jeg fanger noget. Man oplever altid noget på en fisketur – måske bare en dejlig dag i naturen med sol og fuglesang, eller måske en odder, der i skumringen er på jagt indenfor synsvidde. Det kan også være en agerhøne, som giver én et chok ved først at flygte, når man næsten træder på den, eller måske en god snak med en ligesindet lystfisker, mens man står ved bilen og er ved at pakke grejerne sammen. Den megen kravlen op og ned af stejle brinker kan tydeligt mærkes i kroppen efter blot få timers fiskeri, og har man i en periode været lidt for magelig, bliver man tydeligt mindet om, hvor vigtigt det er at "holde maskineriet i gang", når man er kommet lidt op i årene.

Min far og mig fisker stadig sammen, om end turene naturligt nok er blevet sjældnere og kortere. Han blev i efteråret 2019 ramt af en blodprop i hjernen, men kom sig heldigvis og benyttede anledningen til at lægge sin højtelskede pibe på hylden. Den daglige elefantøl er der heldigvis ikke blevet rørt ved.

På en måde kan man sige, at man i en moden alder til en vis grad vender tilbage til det syn, man havde på selve det at fiske i barndommens og ungdommens dage. Lystfiskeri er en skøn hobby, og jeg tror meget på de gamle ord om, at den tid, man bruger på at fiske, trækkes fra i den sidste ende. Hertil kommer flere herlige "hobbyer i hobbyen", som f.eks. kan være fluebinding eller hjemmestøbning af blink, pirke og woblere. Lystfiskeri er uden tvivl sundt for både krop og sjæl. Når man går langs med åen, glemmer man fuldstændig hverdagens fortrædeligheder, og sådan skal det selvfølgelig være. Et lille citat fra den afdøde mester Hugh Falkus: "Lad være med at gå og bekymre dig om din indkomstskat – hvis du vil fange fisk, må du *tænke* fisk!".

God mad og drikke skal der til. Har man alligevel spenderet på dyrt fiskeri, skal man kun lade sig nøje med en hurtig pizza, når der er gang i fiskene. Ellers er der dømt "mandehørm" over hele linjen med f.eks. en kostelig herreret som stegt flæsk og persillesovs. Ingen steder får man venner som blandt ligesindede lystfiskere. Kvindelige lystfiskere ser jeg desværre alt for sjældent, men der er måske noget om, at jagtinstinktet ligger i de mandlige gener. Således kan man med sindsro lade den fedtede kasket blive hængende på det snart ligeså fedtede hår i dagevis, og skægstubbene må man under ingen omstændigheder rage af. Man skulle jo nødig ligne en IT-nørd på fisketur! At tage bad på en fisketur bringer ifølge legenden direkte ulykke, men i nødstilfælde kan man dog snige sig til en smule klatvask undervejs. Jeg vil imidlertid anbefale et bad efter fisketuren, men *inden* man drager hjem.

Det allerbedste er dog det far/søn-forhold, som kan udvikle sig på fisketure, men også tilsyneladende utilnærmelige kollegaer kan man pludselig finde sammen med. Under fiskeri viser folk deres sande jeg på godt og ondt. Hvis "bacillen" ellers er i blodet, er det således bare med at komme i gang – måske mødes vi en dag derude?

Fluemønstre

Solfluen (s. 45):

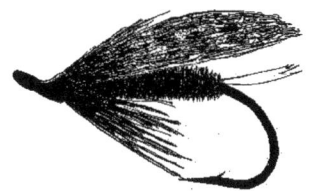

Krog:	Vådflue, str. 4-14
Bindetråd:	Sort
Vinge:	Brun/sorte egernhalehår
Hackle:	Sort hane
Krop:	Bronzefarvet påfugleherl
Hale:	Gule hacklefibre

*Godnat-streamer
(s. 49, 65, 68, 75 og 82):*

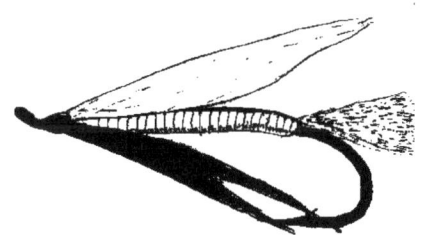

Krog:	Streamer, str. 4-14
Bindetråd:	Sort
Overvinge:	Hår fra hvid polarræv
Undervinge:	Sorte hacklefibre
Krop:	Sølvtinsel
Hale:	Opsplittet fluorescerende rødt uldgarn

Godnat-streamer, variant
(s. 51, 80 og 100):

Krog: Streamer, str. 4-8
Bindetråd: Sort
Overvinge: Hår fra hvid polarræv med hår fra sort kalvehale på
             hver side i 1/3 af vingens længde.
Undervinge: Sorte hacklefibre
Krop: Sølvmylarrør med underlag af uldgarn, som bagtil
             splittes op i 1/3 af kroppens længde.
Bemærk: Belastes med kobbertråd og forsynes med gulgrønne,
             selvlysende øjne.

Regnfluen (s. 55):

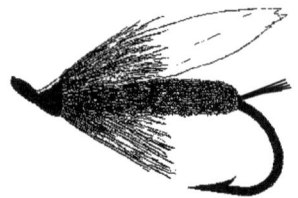

Krog: Vådflue, str. 4-14
Bindetråd: Sort
Vinge: Hår fra hvid polarræv
Hackle: Brun hane
Krop: Brun uldgarn
Hale: Brune hacklefibre

Morgenfruen (s. 70):

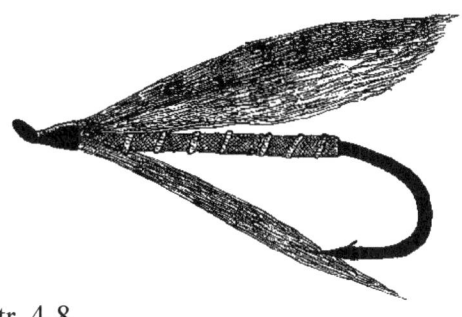

Krog:	Streamer, str. 4-8
Bindetråd:	Sort
Overvinge:	Brune over orange egernhalehår
Undervinge:	Orange egernhalehår
Krop:	Orange tråd eller gavebånd
Bevikling:	Guldwire

Flashabou-streamer (s. 82):

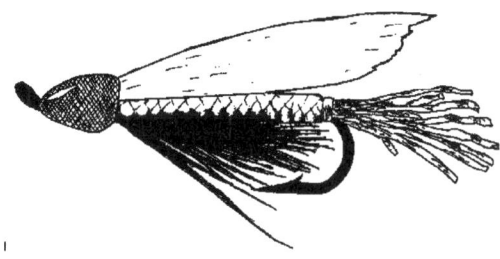

Krog:	Streamer, str. 4-8
Bindetråd:	Hvid
Overvinge:	Hår fra hvid polarræv
Undervinge:	Sorte hacklefibre
Krop:	Pearl Flashabou-rør over hvid bindetråd
Hale:	Opsplittet Flashabou-rør i ½ gange fluens længde
Hoved:	Hurtigtørrende Araldit

Egernet:

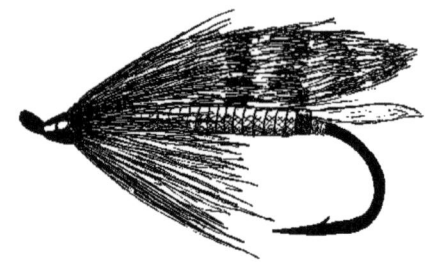

Krog:	Streamer, str. 4-8
Bindetråd:	Sort
Vinge:	Brun/sorte egernhalehår
Hackle:	To tørn brun hane foran tre tørn lys orange hane
Krop:	Pearl Flashabou over sølvtinsel
Butt:	Fluorescerende rød uldgarn. Bagerst sølvwire.
Hale:	Guldfasan Crest eller kunstfibre i tilsvarende farve

Egernet bandt jeg for første gang i 1992, så fluen hører egentlig slet ikke hjemme i bogen her. Alligevel har jeg valgt at medtage den i denne 2. udgave af bogen, fordi det er min bedste havørredflue til åen nogensinde!

Det er min version af Ernst G. Michelsens favoritflue "Ræven". Da jeg første gang skulle forsøge mig med at binde denne flue, havde jeg ingen rævehår i samlingen af fluebindingsmaterialer, så det blev altså brun/sorte egernhalehår i stedet. Fluen fangede glimrende, så jeg har sidenhen ikke fundet anledning til at ændre på dette. Således måtte fluen i Michelsens ånd naturligvis døbes "Egernet".

***